Fator Humano
da Qualidade
em Empresas
Hoteleiras

Farah Azenha Serra

Fator Humano
da Qualidade
em Empresas
Hoteleiras

QUALITYMARK

QUALITYMARK
15 ANOS

Copyright© 2005 by Farah Azenha Serra

Todos os direitos desta edição reservados à Qualitymark Editora Ltda.
É proibida a duplicação ou reprodução deste volume, ou parte do mesmo,
sob qualquer meio, sem autorização expressa da Editora.

Direção Editorial SAIDUL RAHMAN MAHOMED editor@qualitymark.com.br	Produção Editorial EQUIPE QUALITYMARK
Capa WILSON COTRIM	Editoração Eletrônica ANTHARES

CIP-Brasil. Catalogação-na-fonte
Sindicato Nacional dos Editores de Livros, RJ

S496f

Serra, Farah Azenha

Fator humano da qualidade em empresas hoteleiras / Farah Azenha Serra.
— Rio de Janeiro : Qualitymark, 2005
152p. :

Anexos
Inclui bibliografia
ISBN 85-7303-569-2

1. Hotéis — Administração. 2. Hotéis — Empregados. 3. Hotéis — Controle de qualidade.
I. Título.

05-1905
CDD 649.94068
CDU 640.41

2005
IMPRESSO NO BRASIL

Qualitymark Editora Ltda.
Rua Teixeira Júnior, 441
São Cristóvão
20921-400 — Rio de Janeiro — RJ
Tel.: (0XX21) 3860-8422

Fax: (0XX21) 3860-8424
www.qualitymark.com.br
E-Mail: quality@qualitymark.com.br
QualityPhone: 0800-263311

Agradecimentos

Primeiramente agradeço a minha Família, que desde o começo contribuiu para minha formação, sendo grande estimuladora, companheira e patrocinadora.

Em seguida, ao professor e orientador Marcelo Fonseca Traldi, que conseguiu sempre me dar um livro à mais para ler, porém com uma grande atenção, dedicação e paciência, durante todo o desenvolvimento deste trabalho.

Enfim, agradeço a todos que estiveram ao meu lado durante toda a minha vida, principalmente à acadêmica, pela presença, paciência e incentivos constantes, ajudando no meu desenvolvimento e contribuindo para que eu chegasse ao ponto em que cheguei.

"O controle de qualidade não é um remédio miraculoso, suas propriedades são como a homeopatia chinesa".

ISHIKAWA (1997)

Comentário sobre o Livro

É muito comum percebermos em empresas de serviços, como hotéis, restaurantes, bares, entre outras correlatas e afins, que o investimento principal acontece em "hardwares", de forma geral, em um conceito mais amplo; ou seja, são gastos milhares de reais, horas de esforço e tempo dedicados à cor do banheiro, ao conceito do balcão do bar, ao tipo de material a ser usado na UH, entre outros detalhes desta operação complexa.

Todavia, por mais inovador que seja o conceito do restaurante, por mais modernas e luxuosas que sejam as instalações do hotel e por mais criativo que seja o conceito do bar, a cama será arrumada por uma camareira, o *check-in ou check-out* – em tantos outros momentos o hóspede entrará em contato com o estabelecimento comercial – então, teremos a hora da verdade, muito bem explorada pela Farah Azenha Serra, neste trabalho. É importante entendermos que todos aqueles investimentos podem ir por água abaixo ou podemos ganhar um valor especial, por causa de um só elemento: o ser humano.

Neste negócio, trabalhamos com pessoas e para pessoas, estamos no *people business*, passamos mais tempo resolvendo problemas para pessoas – que chamamos de necessidades dos hóspedes, clientes, comensais, etc. – através de outras pessoas que se dispõem e que dão o melhor do que sabem para que o primeiro tenha sua necessidade atendida, em muitos momentos, achamos que um *software* que "gerencia" as preferências do nosso cliente é a solução para que possamos dar um atendimento personalizado.

É neste Universo que Farah Azenha Serra faz um aporte extremamente importante em nosso negócio que, para personalizar, falamos de tornar pessoal, de conceder caráter pessoal ou, ainda, de indicar, nomear uma pessoa, conforme define o Houaiss.

Assim, ao vestir um uniforme em uma pessoa e colocá-la à frente de meu negócio de 1 milhão de dólares, esta é nomeada como sendo o "meu hotel de um milhão de dólares" – sua marca, sua personificação do conceito. Portanto, ela vale no mínimo este mesmo valor. Ou seja, do cargo mais baixo na hierarquia ao mais alto, todos têm sua parte importante e significativa neste processo hoteleiro.

Portanto, quando Farah Azenha Serra começou seu trabalho, que hoje se transforma em um livro, sabia que iríamos achar uma pessoa que contribuiria para este assunto, pois, para falarmos sobre qualidade, precisamos ser pessoas com qualidades especiais.

Analisar criticamente e apontar possibilidades para este fator decisivo na qualidade de uma empresa hoteleira foi o que fez Farah Azenha Serra que, com certeza, não nos deixará esquecer que todos os esforços serão em vão, caso não nos lembremos de que, a diferença é feita pela soma do que cada um pode oferecer.

Agradeço a ela a oportunidade tê-la orientado, ao longo de sua pesquisa, para este trabalho.

Agradeço a coragem de navegar em uma área tão delicada e sutil, quanto qualidade e gente e, principalmente, agradeço à Farah, por ter ensinado tanta coisa ao longo deste processo, já que, como orientador, sempre a desorientava, e ela sempre apresentava uma alternativa.

Que estas reflexões ajudem os leitores, investidores, gerentes e pessoas envolvidas com hotelaria e afins, pois são pessoas iguais às citadas neste trabalho e que valem muito, afinal são seres humanos.

Marcelo Traldi Fonseca

Honrado e orgulhoso orientador do trabalho que originou este livro de Farah Azenha Serra, no curso de Administração com habilitação em Administração Hoteleira da UNIMEP, do qual compõem o corpo docente.

Mestre em Administração pela PUC/SP, professor do SENAC/SP, Tecnólogo em Hotelaria, Consultor em Alimentos e Bebidas e, autor de livros e artigos em Hotelaria e Turismo.

Apresentação

A necessidade de revolucionar a gestão hoteleira, através da Qualidade, se faz cada vez mais presente nos tempos atuais. Através das dimensões, avaliações, primazias, responsabilidades e gestão estratégica da Qualidade, é possível, com o envolvimento de todos em manter e aprimorar os campos das empresas prestadoras de serviços. Entretanto, todo este processo não pode ser perfeito se não for com a "ajuda" dos clientes, se não for ouvindo-os e atendendo-os.

É preciso criar um sistema, que se atenha a um grupo de processos correlatos, e mantê-los, através dos itens e métodos de controle. E, com isto, garantir a qualidade, ou seja, garantir a conformidade com os requisitos. É importante fazer uso das ferramentas para a solução de problemas e, aliadamente, obter um processo de melhoria da qualidade.

Para isso, é de extrema importância valorizar e dar maior atenção ao lado humano da organização. A qualidade do capital humano da empresa gera qualidade, contribuindo para uma reação em cadeia, que produzirá qualidade dos serviços, a qualidade departamental, a qualidade dos produtos e a qualidade da empresa.

Através da ISO, a empresa cria e implementa este *símbolo* na mente dos funcionários e clientes. Porém, esta padronização não terá sucesso se a organização não se preocupar em qualificar o seu pessoal, incentivando, motivando e treinando as pessoas para fazerem da melhor maneira possível, o que as empresas esperam que elas façam. Quando isto ocorre, a empresa se torna uma empregadora de escolha, ou seja, ela obtém uma cultura que agrada aos funcionários, a ponto de não quererem largar a empresa, e a ponto de quererem que os amigos e familiares façam parte da organização, e, assim, atrair cada vez mais as pessoas certas.

No mundo atual, as mudanças da era pós-industrial já se fazem sentir. Há, cada vez mais, uma busca por diversão e entretenimento. Mais e mais se paga para realizar experiências de vida e tudo se torna serviços a serem oferecidos. O fator humano e o marketing serão a chave para o sucesso na *Era do Acesso*.

Palavras-chave: Qualidade; Gestão da Qualidade Total; Fator Humano da Qualidade; Empresas Prestadoras de Serviços; ISO; Treinamento; Motivação; Empregador de Escolha e Era do Acesso.

Sumário

INTRODUÇÃO xv

**PARTE 1 – O Desenvolvimento da Hotelaria através do
Sistema de Qualidade** 1
1 A NECESSIDADE DE REVOLUCIONAR A GESTÃO HOTELEIRA 3
2. QUALIDADE 7
    2.1 Por que Qualidade? 7
        2.1.1 Qualidade Total 8
    2.2 O que é Qualidade? 8
        2.2.1 Qualidade "Tanto/Quanto" 12
        2.2.2 Conclusão 12
    2.3 As Dimensões da Qualidade 13
    2.4 Avaliação da Qualidade 15
    2.5 Primazia e Responsabilidade pela Qualidade 17
    2.6 Gestão Estratégica da Qualidade 18
    2.7 Melhorias Contínuas 18
    2.8 Custo da Qualidade 19
    2.9 Aumento da Qualidade 20
3 CLIENTE 21
    3.1 Voz do Cliente 22
    3.2 O Hotel e seus Clientes 23
4 PROCESSO 27
    4.1 Sistema 29
    4.2 Controle do Processo 30
        4.2.1 Itens de Controle 31
        4.2.2 Métodos de Controle do Processo 32

4.2.3 Garantia da Qualidade 35
5 FERRAMENTAS PARA A SOLUÇÃO DE PROBLEMAS 39
6 PROCESSO DE MELHORIA DA QUALIDADE 41
7 O LADO HUMANO DA QUALIDADE 45
   7.1 Qualidade dos Serviços 45
   7.2 Qualidade do Serviço e Qualidade Pessoal 46
   7.3 Qualidade Pessoal 48
   7.4 Qualidade Departamental 48
   7.5 Qualidade dos Produtos 48
   7.6 Qualidade da Empresa 49
8 ISO 51
   8.1 O que é ISO 9000? 51
   8.2 A Implementação da ISO 9002 em um Hotel 54
   8.3 A Estruturação de um Sistema de Qualidade 56
   8.4 Padronizando Processos 57
   8.5 A ISO 14001 e o Setor Hoteleiro 57

PARTE 2 – Qualidade do Fator Humano na Hotelaria 59
9 CAPITAL HUMANO 61
   9.1 Alguns Bons Exemplos 65
      9.1.1 Universidade Disney 65
      9.1.2 Universidade do Hambúrguer 66
10 QUALIDADE PESSOAL 69
   10.1 Nível AP: Nível Atual de Desempenho 70
      10.1.1 Fatores Influenciáveis 70
   10.2 Nível IP: Nível Ideal de Desempenho 71
      10.2.1 Fatores Influenciáveis 71
   10.3 A Diferença entre o Nível IP e o Nível AP 72
   10.4 O que Significa Qualidade Pessoal 72
   10.5 A Importância da Auto-estima 73
   10.6 Regras para Melhorar o Nível AP das Pessoas 73
   10.7 Qualidade dos Serviços X Qualidade Pessoal 74
11 QUALIDADE DEPARTAMENTAL 77
12 TREINAMENTO 79
13 MOTIVAÇÃO 85
   13.1 Teorias de Motivação 86
      13.1.1 Teoria de Conteúdo 86
         13.1.1.1 *Taylor* 86
         13.1.1.2 *Mayo, Maslow, McGregor e Herzberg* 87
      13.1.2 Teorias de Processo 91

  13.1.2.1 *Teoria da Expectativa* 91
  13.1.2.2 *Dinheiro e Motivação* 95
 13.2 Teorias do Comportamento 95
  13.2.1 Teoria Pessoal da Motivação 96
14 EMPREGADOR DE ESCOLHA 99
 14.1 Adotando a Filosofia "Quem Planta Colhe" 101
 14.2 Medindo e Pagando pelo que é Importante 103
 14.3 Inspirando Compromisso para uma Visão Clara e
  Objetivos Definidos 106

PARTE 3 – A Nova Era 109
15 A NOVA ERA 111

CONCLUSÃO 117

ANEXO 121
Anexo Parte 1 121
Anexo Parte 2 124

REFERÊNCIAS BIBLIOGRÁFICAS 127

BIBLIOGRAFIA 129

Introdução

O desempenho com a Qualidade das prestações hoteleiras é condição determinante do sucesso empresarial, sobretudo no contexto atual, onde a concorrência se torna cada vez mais acirrada, e o cliente cada vez mais exigente. A Qualidade tornou-se um desafio permanente, uma questão de sobrevivência e uma arma estratégica para as empresas do setor. Cria-se uma nova mentalidade, um novo estilo gerencial, voltado para o processo, através da GESTÃO DA QUALIDADE TOTAL (GQT). Para tanto, é necessário que TODAS as pessoas que fazem parte da empresa (direção + funcionários) se envolvam e assumam um compromisso com a Qualidade.

A adoção da GQT no ramo hoteleiro é, hoje, uma realidade. As empresas prestadoras de serviço começaram a se preocupar em desenvolver um Sistema de Qualidade (SQ) que garantisse prosperidade no mercado atual, altamente competitivo.

Este novo modelo gerencial é um grande achado para as empresas. Com ele, a competitividade fica maior, facilitando sua sobrevivência. É necessário deixar a Qualidade fluir por todas as veias, para agradar e atrair o cliente e, assim, sobreviver, tanto o profissional, quanto a empresa.

Não há forma melhor, para os hotéis que querem anunciar aos turistas de todo o mundo a Qualidade de seus serviços, do que se basear em um conjunto de normas internacionais bem estabelecidas e reconhecidas, como as normas Séries ISO 9000 e ISO 14000 (meio ambiente). Hotéis em diversos países estão adotando as normas ISO Série 9000 como mecanismos de globalização. Esta norma foi eleita como padrão de referência a ser alcançado. Porém, tais normas devem ser adaptadas à realidade hoteleira. O setor prestador de serviços tem suas particularidades, diferentemente dos princípios das indústrias, para as quais tais normas foram desenvolvidas. Mas, através da flexibilidade, estas normas tornam-se uma excelente oportunidade para o ramo hoteleiro. Para isso, é necessário mudar os paradigmas, focalizando no cliente, em primeiro lugar, voltando-se a empresa totalmente para o cliente.

É hora de se fazer uma revolução na maneira de se gerir um hotel. Sendo assim, a Garantia da Qualidade Total é de extrema importância. A hotelaria é anfíbia. Vive na indústria, pelo fato de transformar matérias-primas em produtos acabados, e vive no comércio, pelo fato de prestar serviços. Pode, então, valer-se de toda a parafernália da Qualidade Total.

É evidente que, continuamente e cada vez mais, os hotéis, tanto os de rede, como os independentes, deverão procurar especializarem-se em oferecer aos clientes produtos e serviços cada vez mais adequados, focados e especializados. E, como a hospitalidade é um conjunto de detalhes tangíveis e intangíveis, além de buscar os melhores avanços em tecnologia e equipamentos (*high – tech*), os hotéis devem visar também ao alto toque pessoal (*high – touch*), que só é possível com funcionários bem selecionados, bem treinados, conhecedores das necessidades dos clientes internos e externos, e que saibam tanto atender às reclamações do hóspede, quanto ser pró-ativos, corrigindo as falhas, antes mesmo que aconteçam.

Ao fazer um estudo sobre a Qualidade, nas empresas prestadoras de serviço, detectou-se uma lacuna de enfoque, nos estudos de grandes pensadores da Qualidade. Eles asseguram que as empresas têm que se voltar totalmente para os clientes. E que, para se manterem no mercado, são eles, os clientes, que tem que ser ouvidos.

Mas, ao se falar em serviços, o elemento humano é peça fundamental, pois estes serviços são feitos *por pessoas para pessoas*. É dos funcionários que depende todo o processo de acolhida do cliente, e, conseqüentemente, da rentabilidade da empresa, sendo o cliente uma conseqüência de todo o processo. Ao se falar de Qualidade em serviços, sabe-se que a percepção do cliente ante a estes é vital. Um serviço só pode ser considerado bom na medida em que este cliente perceba a qualidade oferecida. Atendê-lo de maneira cortês, eficiente e simpática é o mínimo que se pode oferecer a estes clientes, que estão em busca de satisfação de suas necessidades pontuais (comer, dormir, tomar banho, etc.). Desta forma, tem-se como intermediárias deste processo todas as pessoas/funcionários que tenham contato com os clientes no momento em que eles se relacionam com a empresa – ou seja, nos momentos da verdade. Assim sendo, ao tratarmos de serviços, o funcionário é a empresa, a maneira como ele trata o cliente reflete diretamente na percepção que este cliente tem da empresa. Este funcionário poderia ser encarado como a encarnação deste conceito abstrato de empresa (marca) em uma figura tangível (funcionário). É importante insistir que cada empregado é a empresa, na mente do freguês.

Um bom exemplo é a equipe de funcionários da *Disney*. Ela é bem conscientizada sobre este princípio e sabe que a empresa coloca as relações com os empregados abaixo apenas das relações com os convidados, mas não muito abaixo, na escala de prioridades máxima.

Não se pode pular dos funcionários (o início do processo) para os clientes (o final). Se os funcionários não tiverem bons treinamentos, infra-estrutura que facilite e agilize suas tarefas, se eles não se sentirem queridos e importantes para a empresa, eles não vão conseguir conquistar os clientes. É necessário tornar os funcionários valorizados e leais às empresas.

É importante ouvir os clientes para saber o que eles querem, e descobrir, junto aos funcionários, qual é o melhor meio de fazê-lo. É a opinião de quem vive o dia-a-dia das corporações que conta.

Cabe aos dirigentes reterem e manterem os seus melhores funcionários por mais tempo. Eles devem perguntar aos seus funcionários o que é necessário para que eles continuem na empresa, mostrar a eles que sua vida fora da empresa também é importante, bem como suas aspirações e desejos particulares. Deixar que eles saibam o quanto você os valoriza e ser criativo e ousado ao responder às suas necessidades, envolvendo *c*uidado, *c*ompromisso, *c*riatividade e senso *c*omum os quatros *Cs* da "ciência" da retenção. Os atuais líderes sabem que a retenção de clientes sustenta a lucratividade e que a retenção de talentos é o que gera a retenção dos clientes.

Quando o corpo de funcionários não muda, há segurança e confiança do cliente quanto ao serviço que ele espera receber.

Um número cada vez maior de empresas está descobrindo como vencer a guerra por talento. Elas estão crescendo porque se comprometeram em fazer o que quer que seja necessário para manter seus funcionários mais valiosos, porque elas sabem que essas pessoas garantem o seu sucesso. E que se ficarem mais tempo na função, melhorarão seu desempenho e estabelecerão relacionamentos mais fortes com seus clientes mais valiosos, levando a um sucesso de longo prazo no mercado.

As empresas que se recusam a enxergar essa realidade certamente continuarão perdendo dinheiro. A única forma de reverter esse quadro é *investindo em pessoas*. O crescimento e desenvolvimento da companhia estão ligados ao crescimento e desenvolvimento dos recursos humanos.

Nos dias atuais, há quase um consenso em relação à importância da motivação dos funcionários para o sucesso de uma empresa.

Em média, as empresas que foram consideradas como as melhores empresas para trabalhar foram três vezes mais lucrativas que as outras. Um grande destaque para o setor de serviços, pela razão de que este setor (como também o setor de seguros, eletroeletrônico, tecnologia e computação) depende muito mais do talento das pessoas do que os outros. Para desenvolver novos produtos e prestar serviços e atendimento qualificados, essas companhias dependem essencialmente de seus profissionais.

Diante dessa constatação, a mensagem para os gestores é bastante clara: motivem os funcionários e façam com que sintam orgulho de trabalhar em sua empresa. Isso, certamente, irá potencializar os efeitos das estratégias de negócio, aumentando os lucros.

As empresas americanas investem mais no bolso dos funcionários, com maiores benefícios, remuneração e plano de carreira. As empresas européias investem mais no ser humano, como orgulho do trabalho e espírito de camaradagem, valorizando o sentimento de equipe e família. Já as empresas brasileiras, não se destacam em nenhuma dimensão, seja ela humana ou financeira. Mas, elas estão mais próximas das européias.

Não há um modo mais eficiente do que outro, mas há diferenças em relação ao tipo de profissional que essas empresas conseguem atrair.

Ficando claro que o tipo de incentivo a ser oferecido deve estar alinhado ao perfil das pessoas que gostaríamos de ter na empresa.

Há alguns anos, imperava o conceito de que cabia ao funcionário se adaptar ao perfil da empresa. Entretanto, pode-se perceber que existe um quadro que indica algumas mudanças. Hoje, ele deve se questionar se os valores da companhia em questão estão em sintonia com os seus próprios. É ele quem deve se informar sobre a organização na qual gostaria de trabalhar e compreender sua cultura.

Este alinhamento é fundamental para que o indivíduo desempenhe todo o seu potencial e se realize, já que seu desempenho está diretamente ligado a sua motivação. As empresas devem atentar, cada vez mais, para a motivação da equipe. As companhias que já entenderam isso estão obtendo retornos muitos superiores aos da concorrência.

A espetacular expansão das empresas hoteleiras está exigindo do elemento humano uma formação especializada para todos os níveis de ocupação que compõem a estrutura organizacional do hotel. E este elemento humano, que é a base do esquema operacional, deve estar devidamente preparado para assumir integralmente a empresa. Para isso, ele precisa, além da formação técnico-científica, deixar evidente suas qualidades humanas na sua formação profissional especializada. Sobre o profissional hoteleiro (ou qualquer outro fornecedor de serviços) é exigido engajamento pessoal total, muita iniciativa e criatividade, pois ele trata diretamente com gente e busca, através da prestação de seus serviços, a satisfação das necessidades e dos desejos de outros seres humanos. Este profissional deve ser um homem vocacionalmente voltado para a hotelaria.

Assim sendo, as empresas prestadoras de serviço, para serem competitivas e garantirem a sua sobrevivência, necessitam do capital humano. O seu sucesso repousa fundamentalmente no elemento humano qualificado. Daí, a necessidade de se investir na sua educação e no treinamento para bem capacitá-lo. Pessoas capazes, na prestação de serviços, são aquelas que possuem: excelente qualificação pessoal, espírito de serviço, capacidade de recuperação e espírito de equipe.

Este estudo foi dividido em dois momentos. Num primeiro instante, foi realizado um estudo sobre Qualidade e Gestão da Qualidade Total (GQT), partindo, então, para um segundo momento, onde foi estudada a importância do elemento humano qualificado na garantia do sucesso das prestações hoteleiras.

Parte 1

O Desenvolvimento da Hotelaria através do Sistema de Qualidade

Capítulo 1

A Necessidade de Revolucionar a Gestão Hoteleira

No mundo atual, globalizado, onde a competição é cada vez maior, se faz necessária a elaboração de teorias e práticas que levem as empresas rumo ao futuro. Há, atualmente, um necessidade urgente entre as empresas hoteleiras, principalmente as brasileiras, no que diz respeito à uma prática administrativa, chamada Controle da Qualidade Total (CQT), que tem ganhado dimensão internacional. O CQT certamente será uma mudança substancial na prática gerencial de grande parte das empresas, por ser um sistema voltado para sua sobrevivência.

A hotelaria brasileira tem vivido, atualmente, muito mais um mercado de demanda do que um mercado de oferta. A vinda de grandes cadeias, reconhecidas mundialmente, e o surgimento de vários empreendimentos, muda este contexto, fazendo com que as empresas hoteleiras corram atrás de seu terreno. Para tanto, é necessário ofertar produtos e serviços altamente qualificados, o que representa uma mudança radical em qualquer empresa.

A Gestão da Qualidade Total (GQT) colocou a pessoa como chave fundamental, cabendo a ela manter e melhorar o processo. Ao invés de se concentrar apenas na Qualidade do produto, a nova consciência de Qualidade abrange, também, a Qualidade dos esforços do indivíduo. Trata-se de inspirar as pessoas que produzem bens e serviços para que façam o melhor possível.

Este novo processo que gera bens e serviços com Qualidade é exigido pelos clientes. É o cliente quem determina qual deve ser o padrão de Qualidade dos produtos. Uma vez conhecidos os desejos do cliente, tudo é uma questão de definir as especificações do produto e garantir que ele seja produzido de forma simples e econômica – com zero defeitos. Para tanto, é preciso reinventar a empresa.

De nada adianta querer aperfeiçoar processos "viciados", fazendo-se útil a incorporação de uma cultura de mudanças no gerenciamento das empresas.

A hotelaria tirará grandes proveitos do Controle da Qualidade Total, desde que a empresa o compreenda e o veja como um novo rumo, um caminho à sobrevivência.

A compreensão das mudanças está no âmago da melhoria contínua da Qualidade, pois as exigências dos seus clientes mudam velozmente. Muitos estabelecimentos, ao chegarem no topo, acomodam-se, fazendo com que o começo logo tenha um fim. O mais difícil é manter-se no topo.

É preciso aperceber-se das mudanças. Para que isso ocorra, é necessário questionar-se, permanentemente, sobre aquilo que se está fazendo e, também, sobre o modo como está sendo feito. O melhor é saber prever as exigências, significando muitas vezes mudar seu modo de pensar e agir, e até mudar seus paradigmas.

Toda empresa possui seus paradigmas, representados pelo conjunto de normas, regulamentos e filosofia que regem o comportamento das pessoas que a integram. A adoção de novos paradigmas coloca o funcionário ou a empresa diante de uma maneira diferente de ver o mundo, diante do desafio do novo. E todo desafio leva consigo uma dose de ansiedade e de medo.

Porém, não resta outra alternativa para o hotel, enquanto empresa, senão buscar a Qualidade em tudo e por intermédio de todas as pessoas envolvidas, criando-se uma nova mentalidade, uma nova filosofia empresarial voltada para a Qualidade que o cliente quer.

Tal mudança para a Qualidade passa por três fases: *convicção*, a empresa chega a conclusão de que é preciso mudar ao constatar que os seus produtos e serviços já não mais agradam aos seus clientes; *compromisso*, a direção assume o compromisso para com a Qualidade, apoiando os funcionários e demonstrando isso por meio de ações; e, finalmente, a *conversão,* a empresa tem que se tornar fanática pela Qualidade, fanatismo que é repassado a todos os membros que compõem a empresa.

As empresas hoteleiras deverão adquirir uma estratégia de enfoque, onde se visa atender muito bem o alvo determinado. A estratégia repousa na premissa de que a empresa é capaz de atender seu alvo estratégico estreito mais efetiva ou eficientemente do que os concorrentes que estão competindo de forma mais ampla. Conseqüentemente, a empresa atinge a diferenciação por satisfazer melhor as necessidades do alvo particular, ou custos mais baixos na obtenção deste alvo, ou ambos. A empresa que desenvolve com sucesso a estratégia de enfoque pode, também, obter, potencialmente, retornos acima da média para a indústria. O enfoque desenvolvido significa que a empresa tem uma posição de baixo custo com seu alvo estratégico, alta diferenciação, ou ambas. O enfoque pode, também, ser usado para selecionar metas menos vulneráveis a substitutos, ou onde os concorrentes são os mais fracos. Com isso, a reputação da empresa hoteleira passa a ser vista como líder em Qualidade ou tecnologia, obtém uma longa tradição no mercado ou combinação ímpar de habilidades, trazidas de outros negócios, e uma forte combinação dos canais. Forma, assim, um ambiente ameno para atrair mão-de-obra altamente qualificada e pessoas criativas.

Saber decidir o que se deseja ser para os clientes e a que necessidades dos clientes espera-se atender, antes de implementar qualquer técnica, é o que fará a empresa ingressar e se manter no mercado, podendo, assim, melhor competir e assegurar o seu futuro. A sobrevivência do hotel, enquanto empresa, está na dependência, da capacidade, da agilidade e da flexibilidade dos seus dirigentes em adaptar permanentemente os bens e serviços aos desejos, necessidades e expectativas cambiantes dos seus consumidores. Desse modo, a empresa estará sempre onde o cliente estiver.

OS HOTÉIS BRASILEIROS

Alguns hotéis brasileiros, fisicamente, não estão mal de todo, porque, na maioria, são construções relativamente recentes. Já no que diz respeito aos serviços, as deficiências são marcantes. Não existe, ainda, nos hotéis, uma visão gerencial voltada para o processo, dificultando, deste modo, a obtenção da excelência dos serviços e, conseqüentemente, do encantamento do cliente.

Capítulo 2

Qualidade

2.1 Por que Qualidade?

Produtos e serviços tornaram-se tão complexos e são compostos por tantas partes que é quase certo que ocorram enganos em algum ponto da linha. Mas, a consciência da Qualidade está em ascensão. O interesse pela Qualidade está crescendo em todo mundo. Clientes e usuários estão se tornando cada vez mais exigentes. Hoje, o mundo exige Qualidade!

As empresas estão entendendo que é hora de dar ouvidos às exigências do público por qualidade. Elas perceberam que a Qualidade compensa. Um número cada vez maior de empresas reconhece que o investimento em qualidade é um dos mais lucrativos que elas podem fazer. Investimento esse com retorno garantido.

Ao investir em Qualidade, a empresa produz: (a) menos defeitos, (b) produtos melhores, (c) posição financeira melhor, (d) maior bem-estar, (e) menor giro de pessoal, (f) menos absenteísmo, (g) clientes satisfeitos e (h) uma imagem melhor.

A má Qualidade prejudica a imagem da empresa e seu custo é incalculável. As pesquisas confirmam que a maioria dos consumidores não reclama da Qualidade inferior, e que eles apenas mudam de fornecedores. Os estudos mostram que a Qualidade consegue uma parcela de mercado maior que preços mais baixos.

O futuro de uma empresa pode ser determinado pela Qualidade. E ela não é um problema, é uma solução. Uma vez, que haverá um despertar para a importância de se fazer pelo cliente o que prometido. As empresas que forem pioneiras a disputar arrebatarão o mercado.

2.1.1 Qualidade Total

A Qualidade vem sendo incorporada, cada vez mais, ao cotidiano das empresas. Ela ganhou tanta força que se transformou num modelo de como se deve gerir uma empresa, recebendo vários nomes, como: *Controle de Qualidade Total (CQT), Gerência pela Qualidade Total (GQT)*.

O controle de Qualidade envolve a empresa inteira, desde a alta administração até os operários. Desenvolver Qualidade em todas as áreas deveria ser uma parte natural da vida de todas as empresas tanto, quanto a orçamentos, auditorias e projetos de produtos.

A denominação de *Total* vem dos objetivos do CQT, que são os melhoramentos gerais em áreas como treinamento do empregado, a satisfação do consumidor, a garantia da Qualidade, o controle do custo, o volume, o controle da energia e desenvolvimento de novos produtos, assim como os lucros, mas não apenas estes.

Características básicas do processo gerencial

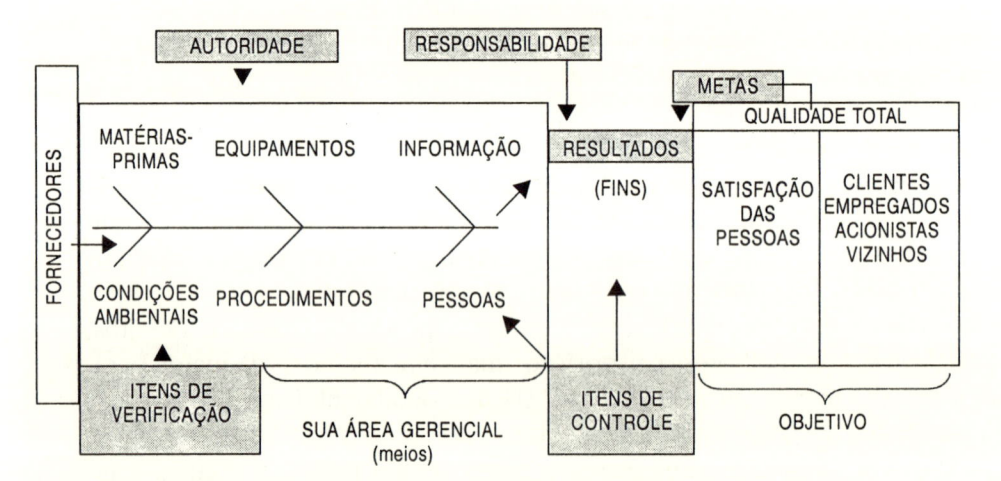

2.2 O que é Qualidade?

A competitividade depende da produtividade e esta, por sua vez, da Qualidade. A produtividade e a Qualidade constituem duas faces da mesma moeda, já que ambas visam à satisfação das pessoas e à sobrevivência da empresa, objetivos essenciais de toda organização industrial ou comercial.

Qualidade é conceito ambíguo. A palavra é usada de muitas formas diferentes, com uma variedade de significados. Não existe um conceito único de Qualidade. Várias ciências (filosofia, economia, marketing, produção) elaboraram conceitos sobre Qualidade, cada uma delas enfatizando aspectos que lhes são próprios. A razão é que muitos fatores devem ser levados em consideração ao se julgar a Qualidade de qualquer desempenho.

Um produto com a mesma Qualidade pode ser julgado de forma diversa por pessoas com experiência, educação, idade e formação diferentes. Este produto pode, também, ser percebido de formas diferentes pela mesma pessoa, em épocas diferentes, dependendo da situação, do humor e das atividades da pessoa. Assim, as pessoas irão julgar a Qualidade de um produto ou serviço de acordo com as suas necessidades, em uma dada situação. As pessoas têm diferentes padrões de Qualidade e a Qualidade que as pessoas esperam de outras pessoas nem sempre é igual a que elas esperam delas mesmas.

Na percepção da Qualidade, são influenciáveis vários fatores, como:

- Qual é a situação?
- Quem está julgando?
- Que critérios estão sendo usados?
- Que exigências e expectativas precisam ser satisfeitas?

As pessoas dizem aos outros sua opinião, mesmo que ela seja subjetiva e determinada pela situação. As exigências e expectativas são cruciais quando as pessoas julgam a Qualidade em uma determinada situação.

Quando peritos em Qualidade falam a respeito da mesma, eles normalmente estão pensando na Qualidade de produtos e serviços.

Qualidade é:

1. Propriedade, atributo ou condição das coisas ou das pessoas, capaz de distinguí-las das outras, e de lhes determinar a natureza;
2. Numa escala de valores, a Qualidade (1) que permite avaliar e, conseqüentemente, aprovar, aceitar ou recusar, qualquer coisa (Dicionário Aurélio);
3. Produto ou serviço de Qualidade é aquele que atende perfeitamente, de forma confiável, de forma acessível, de forma segura e no tempo certo, as necessidades do cliente (Glossário da Qualidade Total);

4. "Conjunto de propriedades e características de um produto, processo ou serviço, que lhes fornecem a capacidade de satisfazer as necessidades explícitas ou implícitas."[1]

Pode-se considerar que a Qualidade *seja algo abstrato*, visto que nem sempre os clientes definem, concretamente, quais são suas preferências e necessidades; *seja sinônimo de perfeição; nunca se altere para certos produtos e serviços; seja um aspecto subjetivo,* porque a Qualidade de bens e serviços pode ser percebida de diversas maneiras, pelas pessoas ou pela mesma pessoa, dependendo do seu estado emocional. A subjetividade é determinada, também, pelo nível de educação, experiência de vida, cultura, idade de cada pessoa ao emitir seu parecer; *seja ambígua,* porque a Qualidade pode estar inserida na categoria de um produto ou, também, quando ela significa ausência de erros ou falhas, para algumas pessoas, e eficiência na execução das tarefas, por parte de outras. Esses elementos compõem o conceito básico da Qualidade.

"Qualidade é adequação ao uso."[2]

Essa preocupação com a adequação ao uso conduz a Gestão da Qualidade a um processo que prioriza todos os elementos do produto ou do serviço que sejam relevantes para o consumidor. Esta adequação diz respeito a toda uma faixa específica de mercado, a quem se pretende satisfazer. A Qualidade, neste conceito, diz respeito aos aspectos de evolução e multiplicidade.

"O conceito correto de Qualidade deve envolver dois elementos: a Qualidade envolve uma multiplicidade de itens (componente espacial) e trata-se de um processo evolutivo (componente temporal)."[3]

No primeiro caso, trata-se do conceito correto da Qualidade; no segundo, do direcionamento do processo para a Qualidade Total.

Qualidade é uma atitude. Não tem começo, meio e muito menos fim. "A Qualidade de um produto – e o processo pelo qual ela é incorporada a esse produto – exige uma continuidade, e deve chegar a integrar-se à mentalidade de cada funcionário" (Lee Iacocca, em seminário internacional realizado em São Paulo, 1993).

> "No sentido mais amplo, Qualidade é qualquer coisa que pode ser melhorada. Neste contexto, a Qualidade é associada não apenas aos produtos e serviços, mas também à maneira como as pessoas trabalham, como as máquinas são operadas e como os sistemas e procedimentos são abordados. Ela inclui todos os aspectos do ser humano."[4]

A nova consciência de Qualidade abrange tanto a Qualidade do produto, quanto a Qualidade dos esforços do indivíduo. Trata-se de inspirar as pessoas que produzem bens e serviços para que façam o melhor possível, acrescentando novas dimensões ao desenvolvimento da Qualidade, como melhorar as relações humanas, fortalecer a comunicação, formar espírito de equipe e manter padrões éticos elevados. Aconselha-se que as organizações trabalhem com o desenvolvimento contínuo da Qualidade, que se interessem não só pela qualidade técnica e pelos ganhos financeiros, mas, também, pela Qualidade das pessoas que as compõem.

"Qualidade é conformidade com os requisitos."[5]

Estes requisitos são respostas a perguntas formuladas pelos clientes, e são estabelecidos a partir das exigências dos clientes. São elas que constituem o ponto de partida.

Para que todos os requisitos sejam cumpridos e, com isso, obter-se a Qualidade, cabe à gerencia realizar três tarefas básicas: (a) estabelecer os requisitos que os empregados devem cumprir, (b) fornecer o material de que necessitam, e (c) permanecer incentivando e ajudando os empregados a cumprir tais requisitos. Para tanto, é preciso ouvir a voz do cliente, já que é ele quem define o que quer.

Uma vez fixados os requisitos, é possível verificar, através de técnicas de medida (qualitativas e quantitativas), sua conformidade ou não com os mesmos:

Componentes Materiais – são formados pelo conjunto de elementos que caracterizam a Qualidade técnica (Qualidade objetiva). Aqui, tem-se uma busca do aperfeiçoamento contínuo daquilo que se faz. Trata-se não só de atingir os resultados, mas de melhorá-los cada vez mais. Cabe à gerência fazer o papel de facilitadores, e não de inspetores.

Componentes Imateriais – Qualidade humana (Qualidade subjetiva) do serviço, como amabilidade, cortesia, cooperação. São componentes qualitativos imateriais que fazem parte do serviço. Todos esses elementos, mesmo que imateriais, devem, de algum modo, ser traduzidos na linguagem da empresa para serem ofertados.

"A Qualidade pessoal é a base de todos os outros tipos de Qualidade."[6]

A Qualidade humana é crucial nas prestações hoteleiras. Produtos e serviços com Qualidade superior só podem vir de funcionários com alto nível de qualificação, inseridos num excelente processo.

As expectativas e exigências podem ser aplicadas à Qualidade técnica ("lucro", satisfazer as expectativas e exigências concretas: tempo, qualidade, finanças, durabilidade, segurança, função, taxa de defeitos e garantia) de um produto ou serviço. Mas, também podem serem aplicadas ao aspecto humano da Qualidade ("além dos lucros", satisfazer expectativas e desejos emocionais: atitudes, comprometimento, comportamento, atenção, credibilidade, consistência e lealdade), isto é, à atitude e ao comportamento das pessoas que produzem um produto ou prestam um serviço. As exigências podem ser internas e externas. As exigências internas são os requisitos que o pessoal e os departamentos de uma empresa estabelecem para si mesmos, e uns para os outros. Exigências externas são aquilo que os clientes esperam de uma empresa.

A Qualidade das pessoas tem a mesma importância que a Qualidade dos serviços e produtos, pois são as pessoas que oferecem os serviços ou fazem os produtos. Sendo assim, o esforço dos indivíduos e dos grupos determinará a Qualidade do produto ou do serviço.

2.2.1 Qualidade "Tanto/Quanto"

Satisfazer as exigências e expectativas, tanto técnicas como humanas, de Qualidade para: indivíduo; departamento; produto; serviço; empresa ou organização. Sendo assim, é necessário trabalhar com 5 tipos de Qualidade:

1. qualidade pessoal;
2. qualidade departamental;
3. qualidade de produtos;
4. qualidade de serviços;
5. qualidade da empresa.

Qualquer programa deve incluir melhoramentos em todas as áreas, visando à melhora da Qualidade global de uma empresa.

2.2.2 Conclusão

Qualidade tem muitos significados. Ela assume nuanças diferentes, na dependência do ponto de vista ou de dimensões em foco. Cada uma dessas abordagens é necessária, mas, certamente, não suficiente para conceituar Qualidade em toda a sua abrangência e essência. Conclui-se, assim, que o conceito da Qualidade envolve múltiplos elementos, com diferentes níveis de importância. Centrar atenção exagerada em algum deles ou deixar de considerar outros pode fragilizar estrategicamente a empresa.

Para melhor entender o significado da Qualidade, cabe a nós analisar as suas dimensões.

2.3 As Dimensões da Qualidade

A Qualidade, de um produto/serviço, envolve múltiplas dimensões e pontos de vistas. Para cada tipo de produto/serviço, tendo em vista os requisitos dos clientes, a empresa compõe um *mix* de dimensões. Este *mix* poderá variar muito de uma empresa para outra, dependendo de como aquela empresa soube captar a voz do cliente e materializá-la. É preciso fazer com que esta mistura seja bem feita, e que agrade e atenda às necessidades e expectativas do cliente.

Para compor um *mix* de dimensões, sem falhas, utilizam-se três parâmetros:

- saber captar a voz do cliente;
- saber materializar a voz do cliente, ou seja, os seus desejos, necessidades e expectativas;
- saber oferecer um *mix* melhor do que o do concorrente.

Muitas dimensões se inter-relacionam e são, entre si, dependentes, para a obtenção da Qualidade de um produto/serviço. No caso da hotelaria, deve-se ouvir a voz do cliente para se identificarem as dimensões e atributos, para cada um dos produtos e serviços ofertados, mais apreciados pelos hóspedes. Não adianta revestir as dimensões de um produto/serviço com atributos que não se traduzem em benefícios para o cliente.

A Qualidade pode ser percebida através de 8 dimensões:

- Desempenho;
- Confiabilidade;
- Característica;
- Conformidade;
- Durabilidade;
- Atendimento;
- Estética;
- Qualidade percebida.

Tais dimensões consistem em:

1. *Desempenho* – referente às características operacionais básicas de um produto, isto é, atende à finalidade de uso ou diz respeito à essência de um produto/serviço;
2. *Confiabilidade* – reflete a probabilidade de falhas num determinado período;
3. *Característica* – adereços dos produtos, ou seja, características secundárias que suplementam o funcionamento básico do produto. Não confundir características com desempenho;
4. *Conformidade* – verificar se um produto está de acordo com as especificações do projeto. As especificações de cada um dos serviços devem ser rigorosamente cumpridas, a fim de atender aos requisitos dos clientes, no que diz respeito ao sistema e à modalidade de serviços a ser executado;
5. *Durabilidade* – a deterioração acontece com todos os produtos, seja pelo seu "ciclo natural", seja pelo desgaste, fruto do uso. Daí a necessidade de renovações e inovações de tempos em tempos. Todos os equipamentos utilizados no hotel possuem uma durabilidade prevista. Eles devem ser substituídos em tempo hábil, antes que venham a prejudicar os hóspedes;
6. *Atendimento* – é preciso que o atendimento seja excelente. Que haja uma interação positiva dos funcionários com os hóspedes;
7. *Estética* – corresponde à aparência física do produto, qual o seu som, sabor e cheiro, o que se sente com ele;
8. *Qualidade percebida* – é um somatório de todas as dimensões da Qualidade. Há uma certa dificuldade em compor um produto/serviço, em harmonia com várias dimensões da Qualidade, nas prestações de serviços hoteleiros. Esta dificuldade surge devido ao fato da singularidade de cada hóspede, que vive momentos emocionais distintos durante sua estada no hotel, e tudo isso acaba interferindo na sua avaliação da Qualidade.

Qualidade intrínseca são as características próprias dos bens e serviços, finais ou intermediários, como durabilidade, originalidade e aparência agradável. Os bens e serviços são revestidos de características. Quando essas vêm ao encontro das necessidades das pessoas, dizemos que elas proporcionam benefícios, ou seja, são produtos úteis para as pessoas.

Ao se avaliar a dimensão da Qualidade dos serviços, medem-se as características que levam benefícios (satisfação) às pessoas. A Qualidade dos serviços consiste no desempenho obtido no serviço propriamente dito:

Entrega (E): está relacionada com os seguintes componentes: prazo certo, local certo e quantidade certa. Quando se entrega um serviço, significa atender as pessoas através de máquinas. Mas, na maior parte das vezes, ele é feito através de pessoas. Sendo assim, atendimento é cortesia, educação e amabilidade. É atender com espírito de serviço, com disposição e emoção. Tudo isso envolve componentes imateriais e intangíveis, bem mais difíceis de serem mensurados e caracterizados. Mas, nem por isso deve-se deixar de fazer;

Custo (C): existe um custo operacional para se produzir um bem ou serviço, como: custos de vendas, de compras, de produção, de treinamento, etc. A dimensão custo envolve a eficiência dos processos internos sob o ponto de vista de uso dos recursos;

Moral (M): trata-se de avaliar o nível de motivação dos empregados. A motivação dos empregados, para as empresas prestadoras de serviço, é de crucial importância, sobretudo nos momentos da verdade, em que a Qualidade dos serviços está na dependência da Qualidade das interações. Se se cuida bem dos empregados, eles saberão como cuidar dos clientes;

Segurança (S): trata-se de avaliar o nível de segurança, tanto dos usuários, ao fazerem uso ou consumirem um bem ou serviço, quanto das pessoas que trabalham na empresa.

Deve-se definir as características para cada uma das dimensões mencionadas e para cada bem ou serviço que, segundo a opinião dos clientes, podem se transformar em benefícios para eles. Uma vez feito, é preciso estabelecer os itens de controle sobre tais características, para mantê-los sob controle.

2.4 Avaliação da Qualidade

O cliente é a próxima etapa do processo. Ele pode ser tanto interno (funcionários), quanto externo (hóspedes). Os clientes internos são aqueles que dependem do trabalho de outros, isto é, daqueles que os precedem (fornecedores), e os clientes externos são aqueles que compram ou fazem uso, final, dos produtos/serviços.

Cada funcionário de cada uma das unidades que compõem um hotel, como recepção, telefonia, governança, A&B, são, ao mesmo tempo, clientes e fornecedores. E, cabe a cada um deles responder questões do tipo:

- Quem são os meus clientes?

- O que querem ou desejam?
- Como satisfazer os seus desejos e necessidades?

A Qualidade, na percepção do cliente, é tudo aquilo que lhe proporciona o máximo de satisfação, pois ele avalia e define a qualidade, e o faz tendo como referencial suas necessidades, desejos e expectativas, ou seja, os seus requisitos. Sendo assim, o cliente é o juiz da Qualidade. Eles compram benefícios, e não características. São os benefícios que suprem desejos e necessidades.

Como o cliente participa do processo produtivo, os funcionários das diversas áreas devem saber identificar precisamente o que o cliente mais quer e deseja, e dar-se conta de que não podem falhar, pois o menor dos erros repercute no cliente.

A Qualidade está fundamentada na preferência dos clientes, porque são eles que avaliam a Qualidade, atribuindo-lhe um conceito do tipo: ótimo, bom e péssimo. Um produto/serviço de Qualidade é aquele que atende perfeitamente às necessidades do cliente, de forma confiável, acessível, segura e no tempo certo. Os clientes possuem expectativas (relação entre aquilo que o cliente esperava receber e o de fato recebeu), muitas vezes já mencionadas. Por isso, é importante não criar uma promessa de venda que não condiz com a realidade. As desilusões ou falsas expectativas são péssimas companheiras de fidelidade da clientela.

Qualidade Total tem como premissa *produzir o que se vende, e não vender o que se produz*. Quanto maior for a diferença entre aquilo que o cliente esperava receber e o de fato recebeu, pior será o seu conceito de Qualidade do produto/serviço em questão.

Para o cliente receber aquilo que esperava, é necessário que se crie padrões que combinem os produtos ofertados com as suas expectativas. Uma vez estabelecidos este padrões, deve-se mantê-los sob controle. Nas prestações de serviços, não basta só repassar para o cliente o produto. É preciso fazê-lo por meio de procedimentos e atitudes adequadas. Na hotelaria, por exemplo, não basta só atender a um pedido. É necessário ter disposição para servir, criar *empatia* (a empatia agrega um *plus* essencial para encantar o cliente), entrar na sintonia do cliente, conectar-se com ele. É através dessa interação cliente-fornecedor, que é possível chegar à *personalização* do serviço e entrar na *subjetividade* do próprio cliente, alcançando, assim, o atendimento das suas reais expectativas.

O hotel tem como premissa fundamental e como um grande objetivo, enquanto empresa prestadora de serviços, proporcionar satisfação às pessoas.

A Qualidade é definida, também, comparativamente, em função daquilo que os concorrentes oferecem. O *benchmarking*, tomar como padrão o absolutamente melhor e tentar superá-lo, é o caminho para a excelência. É interessante que os gerentes se hospedem em outros hotéis, para fazerem suas observações, e compará-las com aquilo que eles vêm fazendo em seu hotel.

Pesquisar permanentemente o mercado, a fim de se conhecer não só os desejos e necessidades dos clientes, mas também aquilo que os concorrentes estão fazendo. Desse modo, a Qualidade dos produtos e serviços assume uma importante função estratégica, passando a ser uma arma poderosa face à concorrência.

2.5 Primazia e Responsabilidade pela Qualidade

Se a administração e a gerência estão convictas e assumiram o compromisso para com a Qualidade, já têm meio caminho andado para "fanatizarem" todos os seus integrantes.

Para tanto, é necessário que a gerência faça da Qualidade uma certa prioridade. O faturamento deve corresponder ao pagamento pela satisfação dos seus clientes. O faturamento e o lucro resultam dessa satisfação. Do contrário, não haverá clientes por muito tempo.

Uma empresa obtém mais do que dinheiro se ela obtém a satisfação de seus clientes, e, com isso, ela obtém lealdade dos clientes, que é a espinha dorsal de organizações bem-sucedidas. Pode-se afirmar que o dinheiro cuidará de si mesmo, se se colocam os serviços e a Qualidade em primeiro lugar.

Se a Qualidade de um bem ou serviço está ligada diretamente ao grau de satisfação usufruída pelo cliente, o desafio do administrador do hotel consiste em gerenciá-lo, direcionando-o totalmente para aquilo que o cliente deseja.

Gerir a empresa, visando sempre à melhor Qualidade do mundo em seus produtos/serviços, preços competitivos e atendimento perfeito, significa priorizar a Qualidade.

A Qualidade, na atualidade, transformou-se no ponto de convergência, ou objetivo organizacional, uma tarefa de todos. Fazer bem feito o tempo todo, tudo o que se faz, e isso da primeira vez, e por todos, não acontece por acaso dentro de uma empresa. A fim de competirem, as organizações precisam funcionar como equipes que derrubam barreiras, em vez de criá-las.

O hotel presta múltiplos e variados serviços durante a estada do hóspede. É muito importante que todos os setores e as pessoas neles envolvidas tenham a mesma noção quanto ao conceito de Qualidade no fornecimento dos bens e serviços. É preciso ter sempre presente a idéia do hotel como sistema, e que a satisfação do cliente é conseqüência de uma resposta positiva de todas as partes que compõem esse sistema, e, não apenas, de algumas delas.

O hotel só colocará em prática a idéia de Qualidade Total quando todas as pessoas de todos os setores da organização se empenharem em atender às necessidades dos clientes, proporcionando-lhes o máximo de satisfação.

2.6 Gestão Estratégica da Qualidade

A Qualidade pode ser usada como uma arma estratégica ou uma vantagem competitiva – que significa comportar-se de maneira mais eficaz e eficiente do que a concorrência.

As metas de Qualidade serão sempre reformuladas em níveis cada vez mais altos. Para conhecê-las e mensurá-las, existem dois importantes meios:
- A pesquisa: as empresas que melhor souberem entrar em sintonia com os seus clientes, mais habilitadas estarão para vencer a batalha comercial;
- O processo: para atingir as metas em níveis cada vez mais altos, é preciso concentrar-se no processo, por meio do qual é possível melhorar continuamente a Qualidade.

Todo esforço empresarial em favor da Qualidade é o de manter e ampliar a participação da empresa no mercado. A Qualidade, vista como arma competitiva, passa a integrar o planejamento estratégico da empresa, sem o qual pouco adianta o trabalho feito com perfeição pelas pessoas, nos mais diferentes setores. O planejamento estratégico consiste, precisamente, no conjunto de atividades necessárias para se direcionarem as metas (visão), os métodos (estratégias) e o desdobramento destas.

2.7 Melhorias Contínuas

A empresa deve engajar-se num processo de melhoria contínua, estando sempre preocupada com o futuro da empresa, com a modernização dos equipamentos, com o desenvolvimento de novos produtos, de forma a garantir a satisfação total do cliente, e com a gestão do pessoal voltada para o crescimento do ser humano, tornando o trabalho uma fonte de alegria e satisfação.

A palavra *kaizen (pessoas)*, de origem japonesa, sintetiza esta melhoria contínua. Ela significa, *kai* – mudar e *zen* – melhor, *Mudar para melhor*. Esta filosofia tem por objetivo a melhoria feita por meio de pequenos passos. Essa metodologia tem no espírito a disposição para mudança. Diferentemente da *inovação (tecnologias),* que envolve melhorias radicais, que acontecem, quase sempre, através da introdução de novas tecnologias ou equipamentos. Elas não se excluem. Há momentos em que a inovação é necessária, para fazer face à concorrência. Mas, as pequenas melhorias, feitas continuamente, por todas as pessoas da empresa, criam uma cultura empresarial favorável para uma caminhada rumo ao futuro. Os japoneses acreditam na possibilidade de sempre acrescentar algo melhor em produtos e serviços, mesmo naqueles que, à primeira vista, já estão num ponto ótimo de desempenho.

2.8 Custo da Qualidade

Não-Qualidade custa muito mais do que a Qualidade. O custo da não-Qualidade, ou o preço da não-conformidade, é a soma de todos os erros/falhas cometidos ao longo do processo. Se a perda chega a se equivaler ao lucro, isto significa que existe a possibilidade de se duplicar o atual lucro, caso o desperdício seja eliminado por completo.

Poucas são as empresas prestadoras de serviço que possuem instrumentos capazes de medir ou quantificar, monetariamente, tantos desperdícios. É importante buscar tais valores, pois só assim é possível estimar o preço da não-conformidade.

O custo da Qualidade, ou o preço da conformidade, corresponde ao montante gasto para se fazer os produtos e serviços bem feitos da primeira vez, a fim de assegurar-se a conformidade com os requisitos. Fazem parte deles: os custos de prevenção, de avaliação, de falhas internas e externas.

Os investimentos com a Qualidade levarão a empresa a desfrutar uma melhor imagem no mercado, a fornecer produtos e serviços sem defeitos, a diminuir o *turnover*, os acidentes de trabalho e o absenteísmo, sendo, assim, compensatórios. O segredo está em colocar a Qualidade como instrumento de gestão, e o lucro como decorrência. A Qualidade se paga por si mesma.

2.9 Aumento da Qualidade

Pode-se aumentar a produtividade, a competitividade e a sobrevivência da empresa, melhorando a Qualidade, através de investimentos em:

- "Hardware": equipamentos, terrenos, veículos (ativo imobilizado), o que significa modernizar, automatizar, robotizar, etc. Isso exige investimento, ou seja, aporte de capital;
- "Software": procedimentos, métodos, rotinas (maneira de se fazer bem as coisas). São as pessoas que podem desenvolver ou melhorar os procedimentos ou métodos de uma organização. A melhoria do "software" está na dependência da ênfase que é dada ao desenvolvimento dos recursos humanos;
- "Humanware": empregados, colaboradores (capital humano). Esta melhoria se dá através da educação e do treinamento, ou seja, através do aporte de conhecimento, do desenvolvimento das habilidades, da formação de bons hábitos (atitudes), e da indicação das perspectivas para seu crescimento profissional.

Componentes da melhoria da Qualidade

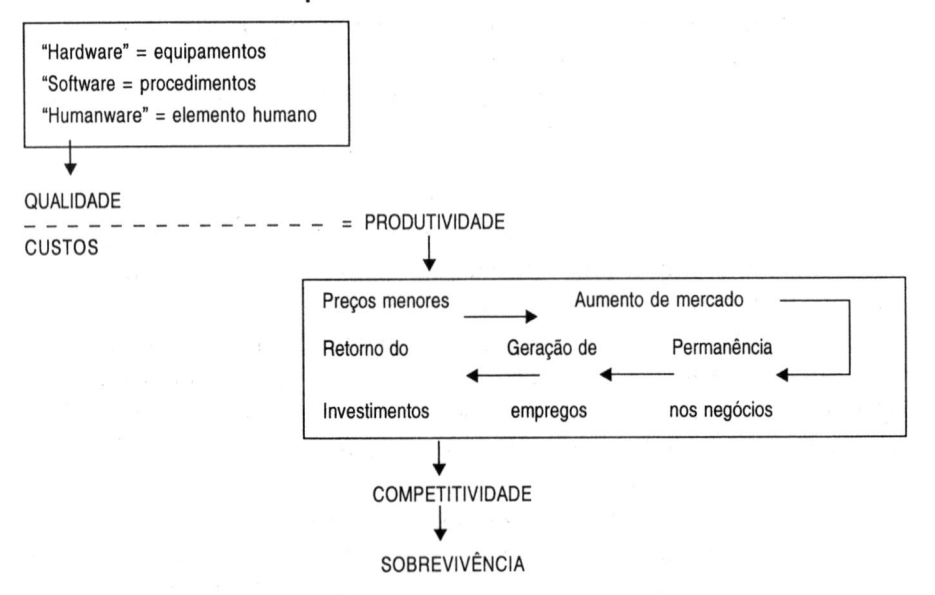

"Hardware" = equipamentos
"Software = procedimentos
"Humanware" = elemento humano

$$\frac{\text{QUALIDADE}}{\text{CUSTOS}} = \text{PRODUTIVIDADE}$$

Preços menores →	Aumento de mercado
Retorno do ← Geração de ←	Permanência
Investimentos	empregos	nos negócios

COMPETITIVIDADE
↓
SOBREVIVÊNCIA

Capítulo 3

Cliente

Por maior que seja a ênfase que se vem dando, neste estudo, à importância de se conhecer a dimensão do cliente, quando se pretende atuar com foco em Qualidade, ela é necessária. Mas, vale lembrar que as empresas bem sucedidas, e que assim permanecem ao longo do tempo, são aquelas que nunca se esquecem de que o cliente é o juiz da Qualidade e, assim, valorizam, permanentemente, o conhecimento dos seus clientes, as informações sobre o consumo de seus produtos, ou o uso dos seus serviços. Sendo, então, fundamental a criação de sensores capazes de captar aquilo que o cliente deseja e exige. E estes sensores têm que ser muito bem estruturados, porque são os clientes que mantêm uma empresa no ramo. A empresa só existe na medida em que tem cliente para comprar.

Foi-se o tempo em que se produzia aquilo que a empresa queria, que se vendia o que se produzia. Hoje, as empresas devem produzir/fazer aquilo que o cliente quer, o que se vende, para, só assim, manterem-se vivas no mercado. É preciso, em tudo aquilo que se faz, enfocar sempre o cliente.

Adequar as suas instalações, equipamentos, bens e serviços permanentemente aos desejos e necessidades dos clientes, estando, assim, conectados a eles. É isso que o hotel deve fazer. Esta deve ser sua premissa de sobrevivência, nos tempos atuais. Esta falta de adequação dos bens/serviços almejados pelos clientes é umas das causas das falhas das empresas prestadoras de serviço, e isto se dá porque, simplesmente, não são os serviços que o cliente quer. Elas não souberam, ou não pesquisaram, a voz do cliente.

Em vista disto, é necessário encher os ouvidos de todos os funcionários com a voz dos clientes. Até porque o comportamento do consumidor muda e evolui velozmente, e ele tem cada vez mais consciência do seu poder de compra e dos seus direitos de consumidor. A empresa, além de tomar conhecimento disso, precisa fazer tudo, antes dos seus concorrentes.

O cliente sempre procura adquirir algo que lhe traga satisfação, que venha ao encontro dos seus desejos e necessidades. É preciso que o hotel engaje todos os seus funcionários diretamente para os seus clientes, a fim de atender totalmente seus requisitos. Ensinando-os a entender o cliente, ouvirem sua voz, colocarem-se no seu lugar. Cada funcionário deve saber questionar-se sobre a maneira com a qual gostaria de ser atendido, se estivesse no lugar do cliente.

Uma empresa não deve tomar decisões a partir de pressuposições. Ela precisa saber, de fato, qual é a satisfação usufruída por seus clientes, ao consumirem seus produtos e serviços, já que sem satisfação não existe fidelidade e, sem ela, a empresa morre.

Mais do que satisfazer desejos e necessidades dos clientes, é preciso encantá-los, é preciso deixá-los chocados pela excelência do serviço. A Qualidade dos serviços deve estar em tudo, e em seus mínimos detalhes, nas prestações hoteleiras, já que o hotel pode ser definido como sendo um somatório de detalhes. É necessária muita dedicação do pessoal da linha de frente e do pessoal da linha de fundo.

3.1 Voz do Cliente

A voz do cliente é muito importante, também, porque ela é protegida por lei, através do *Código de Defesa do Consumidor*. O Código, em vigor desde março de 1991, estabelece uma nova relação entre consumidores e fornecedores, definindo normas de proteção e defesa do consumidor. Por bem ou por mal, o grito do cliente tem mais ressonância nos dias de hoje.

Para que a empresa se mantenha no mercado, é preciso responder várias questões:
- *O que ouvir do cliente?* Até que ponto as expectativas do cliente foram atendidas; o que faltou para isso acontecer e a posição do nosso produto/serviço em relação aos concorrentes;
- *Como ouvir a voz do cliente?* Através das pesquisas, caixa de sugestões, como o pessoal da linha de frente, linha direta com a gerência e central de atendimento a clientes;

- *Quem é responsável por ouvir a voz do cliente?* Todos são responsáveis por ouvir a voz do cliente, desde a alta direção até o pessoal de linha de frente;
- *Como avaliar a voz do cliente?* Através de dados demográficos e psicográficos, da tipologia dos clientes e do desdobramento da função da Qualidade (QFD).

É necessário procurar resolver tudo aquilo que não for de seu agrado, através de uma visão gerencial voltada para a satisfação do cliente. É preciso ter uma rápida capacidade de recuperação, transformando o ato de reclamação num momento de estreitamento das relações com o cliente. A avaliação final que os fregueses fazem da Qualidade do produto e do serviço, provavelmente, será influenciada pelas normas de tratamento das reclamações da empresa. É preciso criar tais procedimentos e treinar os funcionários para seguí-los.

As reclamações podem ser prevenidas se a empresa prestadora de serviços cumprir rigorosamente o prometido, os requisitos.

3.2 O Hotel e seus Clientes

A satisfação a ser obtida pelo cliente independe da categoria do hotel, ou seja, a relação de interdependência vem da definição dos requisitos de satisfação de cada hóspede, em cada situação. Por exemplo: um hotel que ostenta uma placa majestosa de 5 Estrelas no hall principal não necessariamente satisfaz mais o hóspede do que um hotel simples, com uma tarifa, muitas vezes, que chega à metade da cobrada pelo primeiro. Os gestores hoteleiros devem ter em mente a seguinte relação: a satisfação do hóspede é uma relação entre o que recebeu de fato e o que esperava receber (expectativa). E essa expectativa leva à uma relação direta com a satisfação, ou seja, quanto maior a expectativa, menor é a possibilidade de satisfação. E o inverso também é verdadeiro, quanto menor é a expectativa, maior é a possibilidade de satisfação.

Para cada situação, os requisitos de satisfação são diferentes. Quando as pessoas se hospedam em um hotel, elas têm alguns requisitos importantes a serem cumpridos pelo hotel escolhido, como: localização do hotel, facilidades de escritório, possuir um serviço de quarto rápido e eficiente, *check-in* e *check-out* eficazes, limpeza e conforto da habitação (requisito fundamental), e preço.

Poderão existir outros requisitos, porém os utilizados aqui podem ser considerados os mais importantes, numa primeira análise.

Requisito de Satisfação do Hóspede x Motivo da Hospedagem

Requisito de Satisfação do Hóspede	Motivo da Hospedagem		
	Negócios	Lazer	Negócio – Lazer
Localização	Importante	Relativo	Importante
Facilidades de Escritório	Importante	Irrelevante	Importante
Serviço de Quarto Eficaz	Importante	Relativo	Importante
Check-in / Check-out	Importante	Importante	Importante
Limpeza e Conforto	Muito Importante	Muito Importante	Muito Importante
Preço	Relativo	Importante	Relativo
Áreas de Lazer	Relativo	Muito Importante	Importante

Um dos grandes erros nas administrações hoteleiras é tratar o hóspede de forma única. É possível diversificar os serviços e atender todos os tipos de hóspede, em um único sistema de trabalho, desde que cada hóspede seja identificado previamente, e que alguns requisitos sejam direcionados, para melhor atendê-lo.

Para identificar o tipo de hóspede, seria necessário fazer algumas perguntas quando da reserva do apartamento, ou, até mesmo, no ato do *check-in*, não apenas para o preenchimento da ficha da EMBRATUR, mas para saber mais detalhes sobre o cliente, para poder oferecer os serviços adequados. O fato de que o cliente deve ser alertado de que isto não é uma formalidade do hotel, mas, sim, um levantamento de informações, que virá imediatamente em benefício do mesmo, é muito importante para esta atividade.

Algumas perguntas relevantes devem ser feitas ao cliente:
1. Em que categoria de hóspede o cliente se enquadra?
    É necessário identificar o tipo de hóspede em uma das categorias assinaladas. É muito importante que o atendente do hotel, e entrevistador, tente resgatar o real intuito de hospedagem do hóspede;
2. Quais são as preferências dos hóspedes?
    O atendente deverá obter informações específicas, referentes às preferências do hóspede entrevistado. Este questionamento deve ser adaptado a todos os itens que o hotel dispõe como serviços auxiliares;
3. Procurar identificar algum outro requisito específico do hóspede.
    Todo este processo não deve demorar mais do que alguns minutos, dependendo do tipo de hóspede que se está recebendo.
    Após registradas as características do cliente, e conseqüente

identificação do tipo de hóspede, deve-se partir para a fase mais importante, que é a de análise e ações específicas para cada tipo de hóspede. É óbvio que as ações terão que ser padronizadas, de forma a operacionalizar o sistema.

O importante é conhecer o cliente para que se possa atendê-lo cada vez melhor. O nível de análise e utilização deste sistema deve ser definido por cada tipo de hotel, baseando-se na capacidade de realização de cada um. Se um hóspede sentir algo diferente agregado aos serviços habituais já pagos e inclusos na diária, ele classificará o hotel como um excelente hotel.

Um sistema eficaz da Qualidade em serviços é aquele que é distinguido, justamente, pelas pequenas diferenças. Este sistema de identificação pode ser utilizado por qualquer tipo de hotel, independente de seu porte ou classificação, bastando, para isso, uma adaptação neste.

Capítulo 4

Processo

No GQT, a palavra *atividade* é entendida como uma ação elementar. Para se produzir um resultado, são necessárias várias delas. Várias atividades juntas formam uma tarefa. A tarefa por si só, ou em conjunto, forma um processo. Num processo, pode-se distinguir atividades (são aquelas que, necessariamente, devem ser feitas para que a tarefa tenha bom resultado) e tarefas críticas ou prioritárias (são aquelas que costumam apresentar acidentes, estão seguidamente com problemas, afetam fortemente o processo ou a Qualidade do produto, mesmo quando com pequenos erros).

Uma série de atividades ou tarefas entre si concatenadas, visando à consecução de uma meta ou resultados, consistem em um processo. O processo pode ainda ser entendido como sendo um conjunto de causas (fatores da Qualidade) que provoca um ou mais efeitos (características da Qualidade). Esse conjunto de causas, na hotelaria, é chamado de fatores de serviço, que são: matérias-primas, equipamentos, informações, meio ambiente, procedimentos e pessoas.

Todo processo tem um responsável, que exerce a função de supervisão ou gerência. Cabe a este responsável compromissar toda a sua equipe com o fim a que se propõe o processo. Por isso, afirma-se que a Qualidade dos bens e serviços é responsabilidade de todos.

É preciso, em um processo, diferenciar responsabilidade de autoridade/autonomia. Ter responsabilidade é atingir as metas necessárias para a satisfação das pessoas que dependem do produto do seu trabalho, e produzir produtos de excelente Qualidade (Qualidade, custo, entrega, segurança e moral), para satisfazer as necessidades das pessoas (clientes, empregados, acionistas e comunidade/vizinhos). E ter autonomia é exercer autoridade sobre o seu processo, sobre os meios, e ter iniciativa própria.

A responsabilidade está nos resultados. Para cobrar-se responsabilidade de alguém, é necessário dar-lhe autonomia ou autoridade sobre os meios (processo). Quem não aposta na sua equipe, é porque não contratou bons funcionários ou não investe no potencial deles. A autoridade pode ser delegada, diferentemente da responsabilidade. E esta, por sinal, nunca pode ser maior que a autoridade.

Neste caso, a educação e o treinamento, mais uma vez, fazem-se necessários, pois é através deles que se conquista a disciplina (autoridade + responsabilidade). Se todas as pessoas assumem a responsabilidade sobre os resultados, e a autoridade sobre o processo, obtém-se produtos com Qualidade garantida.

A idéia de processo nos leva a distinguir clientes (internos e externos) e fornecedores (internos e externos). Fornecedores são todas as organizações, unidades básicas ou pessoas que executam certas tarefas e as passam para diante. E clientes são as que recebem. Por isso, *cliente é a próxima etapa do processo*.

A operacionalidade de uma empresa constata a existência de inúmeros clientes e fornecedores internos e externos, na maior parte das vezes, exercendo o duplo papel de cliente e fornecedor. Forma-se, com isso, um conjunto de processos entrelaçados, ou uma cadeia de processos. Cabe enfatizar que todas as pessoas/setores/empresas possuem clientes.

Na medida em que as pessoas, ao executar as suas tarefas, compreendem que estão, concomitantemente, exercendo o papel de clientes e fornecedores, elas passam não só a trabalhar, mas a trabalhar e a pensar. Entendendo o processo como um todo, percebem que os conflitos internos detonam o processo, jogando todo o trabalho fora.

É o processo que determina o formato do produto/serviço, e não o contrário. Se o processo apresentar falhas, fatalmente a Qualidade dos produtos e serviços será afetada. Para resolver adequadamente essas falhas, é preciso distinguir os efeitos das causas. Só assim se encontrará a verdadeira solução para os problemas.

Cadeia de Processos

INPUTS		OUTPUTS/ INPUTS		OUTPUTS/ INPUTS
ENTRADA SETOR A	→ PROCESSO →	SAÍDA / ENTRADA SETOR B	→ PROCESSO →	SAÍDA / ENTRADA SATOR C

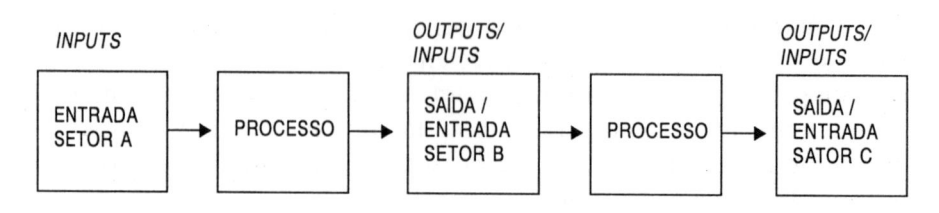

4.1 Sistema

O sistema se atém a um grupo de processos correlatos. É a partir do perfeito funcionamento do sistema, que se pode gerar bens e serviços com a Qualidade esperada pelos clientes.

O hotel é um sistema composto de várias partes ou processos (subsistemas), tais como hospedagem, A&B, administração, entre outros. E cada um pode sofre uma divisão maior ainda. Em cada uma dessas áreas, encontramos processos específicos, onde as pessoas executam suas tarefas ou realizam suas atividades. Processos esses também conectados com os de outras áreas. Essas são denominadas Unidades Gerenciais Básicas – UGBs. O somatório de todos esses processos forma o Sistema Hotel, um *todo* único e harmônico. Por isso, é preciso transformar as pessoas nas "melhores do mundo", para que cada UGB possa atingir as suas metas e, em conseqüência, aquelas da própria empresa.

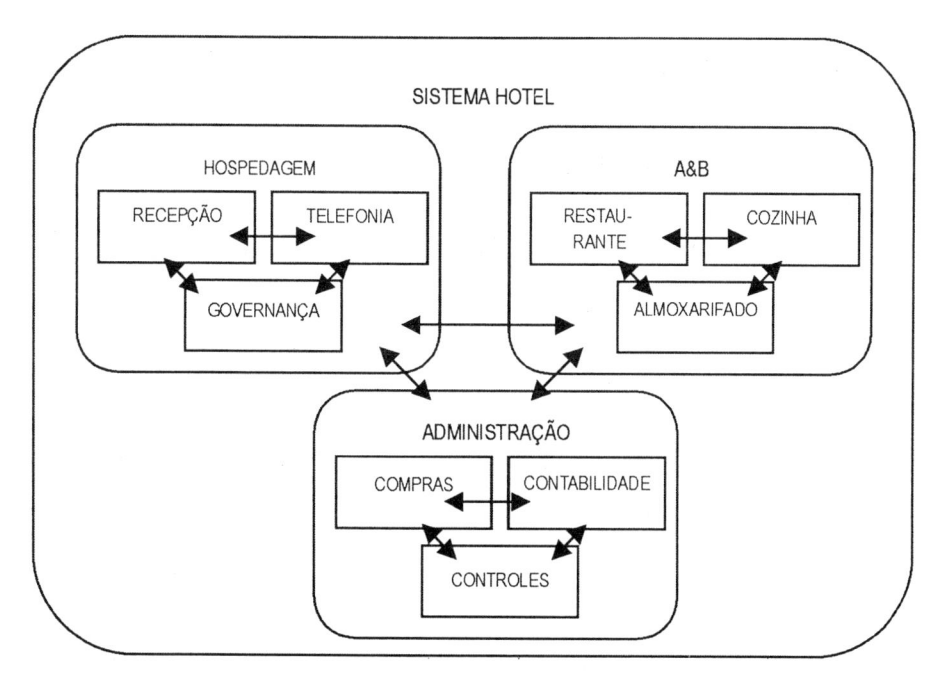

Fonte: CASTELLI, Geraldo. Excelência em Hotelaria, p. 80.

Este conceito de divisibilidade de um processo permite conduzir a um controle mais eficaz sobre o processo todo, podendo-se, dessa maneira, controlar, sistematicamente, cada um deles separadamente. É a partir do funcionamento harmônico desse sistema, que se pode esperar uma oferta qualitativa dos produtos/serviços. Se uma dessas partes falhar, repercute em todo o sistema. Neste sentido, uma das práticas que têm dado excelentes resultados foi a de transformar cada uma dessas UGBs numa espécie de microempresa, trabalhando como se fosse autônoma. Se todas essas UGBs trabalhassem como se fossem as "melhores do mundo", a empresa passaria a desfrutar de uma excelente competitividade, garantindo a sua sobrevivência.

Toda empresa possui o seu negócio, que é resultante, dentro de uma visão sistêmica, do negócio de cada UGB. Cada UGB possui o seu próprio negócio, que precisa estar bem claro para todas as pessoas que a integram.

O hotel precisa entender/definir qual é o seu negócio, ou seja, definir a missão, os equipamentos, as pessoas, identificar seus fornecedores, insumos, produtos e clientes, bem como para cada uma das suas UGBs.

4.2 Controle do Processo

A meta de toda empresa é satisfazer, através da oferta de bens e serviços, com a Qualidade que elas desejam, as necessidades das pessoas com as quais tem compromisso.

No cotidiano do hotel, encontramos efeitos positivos, resultado de um trabalho bem feito, com Qualidade, e, conseqüentemente, elogiado pelo cliente. Mas, encontramos também efeitos negativos, problemas. Problema é algo indesejável. Para eliminá-lo, é necessário adotar um método e ferramentas apropriadas. E democratizar seu uso, para que todos os funcionários possam encarar os problemas de frente e resolvê-los ali mesmo, encarando-os como uma oportunidade de melhorias. Para tanto, é necessário ensiná-los a distinguir os efeitos das causas e a fazer uso dos métodos e ferramentas para a solução de problemas.

Na GQT, controlar e gerenciar tem o mesmo significado. É preciso saber gerenciar cada projeto para se atingir as metas; saber detectar e corrigir, em tempo, as eventuais falhas. Para evitar os problemas, é preciso, pois, praticar o gerenciamento (controle) do processo em cada uma das suas fases. Esse controle é de vital importância.

Este gerenciamento deve analisar o processo, padronizar e estabelecer itens de controle, de tal forma que o problema nunca mais aconteça. O controle do processo representa o epicentro CQT. E este controle é obrigação de todos.

Nas prestações de serviços, o cliente faz parte do processo produtivo, por isso qualquer falha repercute diretamente nele. Para que isso não ocorra, existem três etapas ou ações fundamentais, quais sejam:

- Planejamento da Qualidade: atingir as metas referentes às dimensões da Qualidade (Qualidade, custo, entrega, moral e segurança), estabelecendo novos padrões;
- Manutenção da Qualidade: trata-se de manter os padrões estabelecidos para que a meta seja atingida;
- Melhoria da Qualidade: deve-se alterar os padrões estabelecidos quando do planejamento da Qualidade, ou seja, melhoria dos padrões, para atingir novas metas e garantir a sobrevivência da empresa, toda vez que for preciso adequar-se às novas exigências dos clientes.

4.2.1 Itens de Controle

Em cada área do hotel, existem produtos/serviços (qualidade, custo, entrega, moral e segurança) sendo oferecidos aos clientes durante a sua estada, que são resultantes de processos. Para se controlar tais processos, e verificar se tais características estão dentro do padrão esperado pelos clientes, tendo em vista que é deles que depende a Qualidade dos resultados, é preciso fazer uso de *itens de controle* e *itens de verificação*.

Tais itens devem ser permanentemente acompanhados, para detectar possíveis desvios ou não-conformidades com o padrão estabelecido. Eles também estão ligados à capacidade de se manter a garantia do resultado proposto.

Os *Itens de Controle* são índices numéricos que medem o resultado do trabalho (bens e serviços), a fim de verificar se está satisfazendo as pessoas para quem o trabalho fora realizado. Para estabelecer os itens de controle, é necessário, primeiramente, determinar quais são as características das dimensões da Qualidade que se quer medir. Eles podem ser organizados através de uma matriz, utilizando o método dos 5W-1H. Surgiu no mercado duas variações desse método, o que passou a se chamar 5W2H, acrescentando o *how much* (quanto custa) e posteriormente passou a ser 5W3H, correspondendo o terceiro H a *how many* (quantos).

Matriz dos Itens de Controle

Itens de Controle Dimensões Qualidade	What (O que medir)	Who (Quem deve medir)	When (Quando medir)	Where (Onde medir)	Why (Por que medir)	How (Como medir)

Os *Itens de Verificação* ou *Itens de Controle das Causas* são índices numéricos estabelecidos sobre as principais causas (matérias-primas, equipamentos, informações, meio ambiente, procedimentos e pessoas) que afetam determinado item de controle. São as causa (processo) que geram o efeito (produto/serviço). Portanto, quem garante os itens de controle são as causas. Sempre que um item de controle apresentar falhas, deve-se procurar qual ou quais foram as causas que originaram a desconformidade. Uma vez identificadas, é preciso mantê-las sobre controle, para evitar que os resultados negativos não se repitam. Isto é feito pelos itens de verificação.

4.2.2 Métodos de Controle do Processo

Já se sabe o que é um processo. Para controlá-lo, necessita-se de um método, ou seja, um caminho para a meta. O PDCA (*Plan, Do, Check, Action*) é o único método de gerenciamento que existe na GQT.

Toda meta tem um *Objetivo gerencial*, um *Valor* e um *Prazo*, e ela possui várias origens, entre elas: *planejamento estratégico, anomalias crônicas, resultados dos concorrentes, resultados das UGBs*. A empresa precisa planejar o que deve ser necessariamente feito para atingir as suas metas e desenvolver metas cada vez melhores para se transformar numa empresa triunfadora.

O PDCA é um método de gestão. Ele compreende quatro etapas:

- P = Planejamento: Estabelecem-se as diretrizes de controles que visam a assegurar tanto a manutenção, quanto a melhoria do processo. Aqui, estabelecem-se as metas e os métodos;
- D = Execução: Passa-se a educar e a treinar as pessoas para executar as tarefas conforme o planejado, e, ao mesmo tempo, coletar dados;
- C = Verificação: Verificar se as metas estão sendo atingidas, de acordo com aquilo que fora planejado, ou seja, compara-se o resultado obtido com o resultado planejado;

A = Ação (corretiva): Adotam-se dois tipos de decisões:
1. Manter o padrão planejado, caso a meta tenha sido atingida; ou
2. Agir sobre as causas para encontrar a razão dos desvios e tomar as medidas necessárias para evitar que o problema volte a ocorrer.

O controle (gerenciamento) de um processo é realizado, de um lado, pelos itens de controle que se atêm aos efeitos e, por outro lado, pelos itens de verificação que se atêm às causas.

O PDCA é utilizado de duas maneiras: para melhorar os resultados/metas ou solucionar problemas, e para manter os resultados/metas, sendo, assim, chamado de SDCA (S = standard "padrão"). Ambos são importantes e compõem o gerenciamento de rotina do trabalho.

O PDCA é mais utilizado nas funções gerenciais e está voltado para a busca de resultados cada vez mais competitivos. E os SDCA são mais utilizados nas funções operacionais, onde o trabalho está mais no cumprimento dos Procedimentos Operacionais Padrão – POPs. Trata-se de assegurar a confiabilidade dos produtos, garantindo os resultados já obtidos ou previstos, através da padronização.

Gerenciamento para melhorar – PDCA
(Funções Gerenciais)

O método para a solução de problemas:
P = consta de 4 etapas:

1. Problema: identificar o problema;
2. Observação: reconhecimento das características do problema, ou seja, identificar o foco do problema;
3. Análise: descoberta das causas principais. O diagrama de causa e efeito é uma ótima ferramenta;
4. Plano de ação: estabelecer um conjunto de contramedidas (sobre os meios), com o objetivo de bloquear as causas principais do problema. Uma excelente opção é utilizar os 5W1H.

D = estabelecido o Plano de ação, cabe executá-lo. O que envolve treinamento e coleta de dados;

C = verificar se as metas tomadas bloquearam, de fato, as causas do problema. Se o bloqueio não foi efetivo, deve-se, então, retornar à etapa "P";

A = todas as ações que deram certo devem ser padronizadas. A partir desse momento, o PDCA se "transforma" em SDCA, pois cabe a ele a tarefa de manter.

A conclusão envolve a revisão das atividades e o planejamento dos trabalhos futuros.

Só gerencia quem monitora resultados. Recomenda-se que se comece o monitoramento por aqueles itens de controle mais problemáticos, e que se registre os dados colhidos em tabelas e gráficos pertinentes. Todo o material visual deve primar pela sua fácil compreensão.

Gerenciamento para manter – SDCA
(Funções Operacionais)

O SDCA indica a maneira como se deve trabalhar com a manutenção dos resultados esperados. A confiabilidade dos bens e serviços está relacionada com a excelência do processo.

Além da perfeita execução dos POPs, é necessário desenvolver nos empregados, também, a capacidade de saber interagir. Os Momentos da Verdade, vividos pelos clientes no seu contato com a empresa prestadora de serviço, dependem em muito do grau de desenvolvimento em que se encontram as habilidades interativas dos empregados. Com isso, comprova-se que a manutenção das metas-padrão envolve componentes abstratos e emocionais.

- S = metas-padrão que se deseja manter, referentes às dimensões da Qualidade. Elas são atingidas através da prática do POP estabelecido. Daí a importância do Sistema de Padronização;
- D = para executar/cumprir o POP, é necessário fazer três coisas: treinar as pessoas no trabalho e supervisionar os subordinados, para verificar se o POP está sendo rigorosamente cumpridos, e auditar;
- C = monitoramento da meta para avaliar se a mesma está sendo alcançada ou não. Se tal meta está sendo atingida, deve ser mantida. Para ser mantida, ela precisa ser monitorada. Daí a importância de um sistema de monitoramento de todas as metas-padrão;
- A = se as metas-padrão estão sendo atingidas, segue-se cumprindo o POP. Caso contrário, deve-se adotar ações corretivas.

Pode-se concluir que, no gerenciamento, para manter os resultados, é necessário: padronizar todas as tarefas, treinar as pessoas no trabalho, supervisionar e auditar, monitorar os resultados, e estabelecer um tratamento para as anomalias.

Dentre os vários procedimentos, existem alguns que certamente são melhores do que outros. É preciso descobrir qual é o melhor e adotá-lo. Sendo assim, o Procedimento Operacional-Padrão (POP) deve ser registrado e seguido por todas as pessoas envolvidas com a tarefa. Uma vez definido o POP, passa-se a treinar as pessoas para executá-lo com perfeição. Um investimento, com retorno garantido para a empresa à competitividade, requer mais treinamento e menos erros, garantindo, com isso, a Qualidade de bens e serviços.

A anomalia é descoberta quando os resultados não são atingidos. Ela deve ser corrigida através de uma ação corretiva. Primeiramente, deve-se recorrer às pessoas das funções operacionais. Se a solução não for encontrada, deve-se recorrer às instâncias superiores. O trabalho feito para eliminar anomalias deve ser eliminado por completo e, urgentemente, pois ele só agrega custos que diminuem a sua produtividade, a sua competitividade e a sua sobrevivência.

O PDCA e SDCA devem funcionar conjugadamente. Através do SDCA, mantêm-se os resultados, ou seja, a confiabilidade, a Qualidade dos bens e serviços ofertados, garantindo-se a fidelidade dos clientes. Eles confiam em produtos/serviços que mantêm a mesma Qualidade e que ainda estão empenhados em sempre fazer melhor (kaizen). Em vista disso, ele deve, através do PDCA, eliminar possíveis falhas e, por vezes, criar um novo processo (kaikaku). Neste caso, rompe-se as melhorias graduais e inovando-se, fazendo-se uma reengenharia.

Para manter a empresa sempre viva, é preciso manter o SDCA e melhorar PDCA, sendo permanentemente praticado.

4.2.3 Garantia da Qualidade

Garantir a Qualidade significa garantir a conformidade com os requisitos. E é a função da empresa que visa a confirmar, e conduzir, de forma completa e melhor que o concorrente, todas as ações necessárias para o atendimento das necessidades dos clientes.

Os serviços são prestações imateriais. Para garantir-se a Qualidade face a esta gama de variáveis, algumas controláveis e outras incontroláveis, e que intervêm no momento da verdade, é fundamental a excelência do processo, o que pressupõe que haja funcionários bem educados e treinados.

É impossível garantir a Qualidade se não houver a participação, o empenho e o compromisso com a mesma, por parte de todo o quadro funcional. Para que haja este compromisso com a Qualidade, é preciso definir, para cada funcionário, de cada área, o que se espera dele. É preciso estabelecer padrões e procedimentos-padrão que sirvam de base para a obtenção da Qualidade almejada e, a partir deles, educar e treinar os funcionários, para que possam atingir o desempenho, tanto individual quanto do grupo, sabendo-se que desempenho padrão é o zero defeito, que consiste em fazer o trabalho certo logo da primeira vez e sempre.

Portanto, a garantia da Qualidade dos produtos/serviços hoteleiros depende:

- Da existência de um processo bem-concebido e de recursos humanos estimulados, educados e treinados para exercerem as funções pertinentes;
- Do nível de inter-relacionamento existente entre as diversas áreas (UGBs) que compõem a estrutura organizacional do hotel (sistema);
- Em muito, também, do grau de emoção existente na equipe e da visão que ela tem do hotel enquanto sistema, onde todos têm a ver com tudo o que acontece no sistema.

Tempo de garantia das prestações hoteleiras é ao longo da estada do hóspede no hotel. Durante este período, o hotel deve garantir a satisfação do seu hóspede. Mas, o ciclo de vida das prestações hoteleiras não se restringe só ao período de estada do hóspede. Ao sair do hotel, o hóspede leva, além da fatura, uma boa ou má impressão das prestações de serviço. Todo esse efeito residual, positivo ou negativo, faz parte da garantia da Qualidade. Daí a necessidade do pós-venda, que consiste em verificar se o cliente recebeu exatamente aquilo que esperava receber por aquilo que pagou.

Capítulo 5

Ferramentas para a Solução de Problemas

A ferramenta é o recurso a ser utilizado no método. As ferramentas são os meios e não os fins. É preciso, primeiro, dominar o método e, depois, as ferramentas pertinentes a cada uma de suas etapas, tanto às etapas do SDCA (manutenção), quanto às etapas do PDCA (melhoramento). Cada ferramenta possui seus objetivos específicos. Quando se utilizam das ferramentas, as organizações passam a tomar suas decisões com base em dados, e não nos "achismos".

Destacam-se algumas das ferramentas existentes:

Fluxograma

Representação gráfica, com indicações passo a passo de todas as etapas percorridas por um produto ou serviço, ao longo do seu processo, dando uma visão de como fluem e de como as etapas estão conectadas entre si. O fluxograma permite identificar o fluxo atual do processo com vistas a encontrar possíveis falhas, e elaborar um novo fluxo, com as devidas correções, visando à melhoria do processo. *Vide anexo,* Figura 1.

Folha de Verificação

Ela visa a registrar a freqüência com que certos eventos acontecem. É uma técnica de fácil registro, de fácil análise, de fácil compreensão. Muito valiosa, na prática, devido a sua simplicidade e rapidez na obtenção dos dados. Uma vez coletados, são, posteriormente, ordenados numa outra planilha, que dê base para a construção do Gráfico de Pareto.

Folha de Verificação – Restaurante motivos para reclamações

MOTIVOS/ITENS	DIAS / SEMANA / MÊS / ANO							TOTAL
	2º	3º	4º	5º	6º	SÁB.	DOM.	
COMIDA FRIA	1	1	4	2	1	3	4	16
DEMORA	1	2	2	4	4	7	10	30
APRESENTAÇÃO	1	1	1	4	2	5	6	20
ATENDIMENTO	10	10	15	15	20	25	25	120
MÚSICA	1	1		1	1	2	4	10
DECORAÇÃO					1	1	2	4
TOTAL	14	15	22	26	29	43	51	200

Gráfico de Pareto

O Gráfico de Pareto propõe a identificação das prioridades. Ele é uma série de barras que classificam os problemas de acordo com a sua importância (maior incidência), partindo do maior para o menor, da esquerda para a direita do gráfico. *Vide anexo,* Figura 2.

Diagrama de Causa e Efeito

Tem o formato de uma espinha de peixe, cuja seta aponta para o nome do feito (problema) em estudo. Representado pela cabeça do peixe, permite identificar e organizar as causas possíveis dos problemas. O diagrama visa a responder a vários porquês, objetivando a identificação da principal causa do problema. *Vide anexo,* Figura 3.

Gráfico Cronológico

É um gráfico de linha, muito simples e de fácil compreensão. É usado para registrar cronológica e sistematicamente um determinado fenômeno, ao longo de certo tempo, a fim de se observar o seu comportamento e identificar possíveis tendências ou alterações. *Vide anexo,* Figura 4.

Carta de Controle

É uma técnica usada para monitorar um processo, para verificar se está sob controle estatístico. Nela, observa-se que uma linha representa a média do comportamento do fenômeno e duas outras, uma superior e outra inferior, estabelecem os limites de controle. A fixação das três linhas deve obedecer a critérios estatísticos. Se a flutuação do fenômeno ficar dentro dos limites de controle, tanto superior quanto inferior, o processo é tido sob controle. *Vide anexo,* Figura 5.

Diagrama de Dispersão

Este diagrama objetiva verificar uma possível relação entre duas variáveis ou características, isto é, o que acontece com uma quando a outra é alterada e com que intensidade. Não se trata de estabelecer uma relação de causa e efeito, mas, simplesmente, de visualizar a existência dessa relação. *Vide anexo,* Figura 6.

Técnica Nominal de Grupo (TNG)

Ela permite uma participação igualitária na eleição de priorização dos problemas a serem selecionados. Em síntese, ela consiste em 4 etapas:

1. Cada participante anota em um papel os problemas que julga mais importantes;
2. Recolhem-se os papéis contendo as sugestões e confecciona-se uma grade contendo uma síntese dos problemas apontados;
3. Cada participante, de posse da grade, atribui a sua nota para cada um dos problemas elencados. Essa nota não pode ser repetida;
4. O coordenador recolhe as avaliações de cada participante e lança todos os números numa grade. Estabelecida, democraticamente, a prioridade, passa-se para as ações que se fizerem necessárias, na ordem estabelecida.

Priorização dos Problemas

PROBLEMAS	PARTICIPANTES								TOTAL
	1	2	3	4	5	6	7	8	
COMIDA FRIA	3	4	4	3	2	2	3	3	24
DEMORA	5	6	6	4	5	5	6	5	42
APRESENTAÇÃO	4	3	3	5	4	4	5	4	32
ATENDIMENTO	6	5	5	6	6	6	4	6	44
MÚSICA AMBIENTE	2	1	1	2	3	3	1	2	15
DECORAÇÃO	1	2	2	1	1	1	2	1	12

Fonte: CASTELLI, Geraldo. Adminstração Hoteleira, p. 114.

Brainstorming

Conhecido e traduzido como *tempestade de idéias*, é uma técnica que envolve muitas pessoas, desenvolvendo, nelas, o raciocínio e a criatividade. Para a sua utilização, recomenda-se: incentivar as pessoas a exporem sua idéia, evitar julgamentos ou críticas sobre as idéias emitidas, escrever as idéias, sem interpretá-las, num *flipchart*, para o conhecimento de todos e para incentivá-los ainda mais a expor as suas idéias.

Esta técnica pode ser usada de duas maneiras:

- Em forma de rodízio ou estruturada – todas as pessoas do grupo devem expor a sua idéia, ou passar adiante, quando chegar a sua vez, em cada uma das rodadas;
- Não estruturada – cada pessoa do grupo grita sua idéia à medida que vem à cabeça. Criando um ambiente mais impessoal.

Terminando a exposição das idéias, passa-se, com o próprio grupo, a selecionar as sugestões mais apropriadas para o objetivo em questão.

Além das ferramentas elencadas, várias outras podem fazer parte do método para a solução de problemas.

Capítulo 6

Processo de Melhoria da Qualidade

Um hotel pode engajar-se num Processo de Melhoria da Qualidade, através de várias passos ou caminhos a serem seguidos. Os mais conhecidos são *Os 14 Princípios de Deming* e *Os 14 Passos de Crosby*.

Os 14 Princípios de Deming

Essa teoria descreve o que uma empresa deve fazer para sobreviver num ambiente competitivo. Os 14 Princípios de Deming são os seguintes:

1. Criar constância de propósitos, visando à melhoria dos produtos e serviços;
2. Adotar a nova filosofia;
3. Acabar com a dependência da inspeção em massa;
4. Acabar com a prática de fechar negócios apenas com base no preço;
5. Melhorar constantemente e permanentemente o sistema de produção e serviços;
6. Instruir o treinamento;
7. Instruir a liderança;
8. Afastar o mercado;
9. Eliminar as barreiras entre os diversos setores de pessoal;
10. Eliminar slogans, extorções ou metas para a mão-de-obra;
11. Eliminar objetivos numéricos para o pessoal de administração;
12. Remover as barreiras que privam as pessoas do justo orgulho pelo trabalho bem executado;
13. Estimular a formação e auto-aprimoramento de todos;
14. Agir no sentido de concretizar a transformação.

Os 14 Passos de Crosby

Esses 14 passos propõem a implantação de um Processo de Melhoria da Qualidade:

1. Comprometimento Gerencial: a gerência deve deixar bem clara a sua posição em relação à Qualidade. O compromisso gerencial é expresso por meio da primazia dada à Qualidade. Ela está sempre presente e em primeiro lugar em qualquer ação empreendida pela empresa;
2. Equipe de Melhoria da Qualidade: deve-se formar uma equipe, com pessoas que possuam liderança, para orientar o processo e ajudá-lo a funcionar;
3. Medição: por meio da medição, podemos identificar os problemas ligados à não-conformidade, permitindo uma avaliação objetiva e adoção de medidas corretivas;
4. Custo da Qualidade: é preciso calculá-lo. Todos precisam ter consciência de quanto custa fazer as coisas certas ou erradas;
5. Conscientização para a Qualidade: é necessário ter um instrumento para a conscientização para a Qualidade. Um jornalzinho, promover concursos, etc.;
6. Ação Corretiva: o sistema de ação corretiva tem que ser capaz de identificar e eliminar para sempre o problema;
7. Planejamento do Dia do Zero Defeito: é preciso planejá-lo. É preciso examinar todas aquelas atividades, a fim de preparar o lançamento do Dia do Zero Defeito;
8. Educação dos Funcionários: consiste em definir que tipo de educação e treinamento será dado, para que cada funcionário saiba o que, como, porque e para quem está fazendo;
9. Dia do Zero Defeito: estabelecer uma data para se comemorar tudo. Comemorar que o compromisso para com a Qualidade foi levado a sério pela direção e por todos;
10. Estabelecimento de Objetivos: além de estabelecer as metas, é preciso fazer as coisas acontecerem;
11. Eliminação das Causas de Erros: é preciso dar aos funcionários a possibilidade de exporem os problemas que os impedem de cumprir com a promessa de melhorar;
12. Reconhecimento: é necessário reconhecer os funcionários que participaram ativamente da melhoria da Qualidade;
13. Conselhos da Qualidade: trata-se de reunir regularmente os profissionais da área para a troca de experiências e informações sobre a melhoria da Qualidade;

14. Começar Tudo Outra Vez: a melhoria da Qualidade é uma atividade contínua. Por isso, não termina nunca.

Para que o hotel possa delinear sua caminhada rumo à Qualidade Total, a compreensão do significado e abrangência de cada um dos princípios ou passos em muito contribuirá.

Padronização

A padronização significa uma maneira ideal de se fazer algo. Maneira essa que passa a ser copiada por todos, exatamente porque ela facilita o trabalho e produz melhores resultados do que a maneira anterior.

Quando as tarefas estiverem padronizadas, a educação e o treinamento passarão a ter sentido. O padrão e a padronização fazem parte do cotidiano das pessoas e das empresas.

Capítulo 7

O Lado Humano da Qualidade

7.1 Qualidade dos Serviços

A Qualidade dos serviços prestados na compra e no uso de um produto está ficando cada vez mais importante para o cliente, no momento da escolha de um fornecedor. Os países industrializados estão se movendo em direção a uma "sociedade de serviços". A indústria de serviço, em muitos países industrializados, é a maior de todas, empregando até dois terços da população. Os serviços não são mais subprodutos, eles são o próprio produto.

Sendo assim, as exigências em cima da Qualidade são muito grandes. E ela pode ser julgada tanto pelo cliente, como pela empresa prestadora de serviços. A Qualidade do serviço, do ponto de vista do cliente, pode ser definida como "o grau até o qual um serviço satisfaz as exigências, os desejos e as expectativas do seu recebedor"[7]. Um cliente percebe a Qualidade, dependendo da sua experiência, como sendo superior ou inferior. E, dentro de uma empresa prestadora de serviço, a Qualidade do serviço é definida como "o grau até o qual um serviço satisfaz os requisitos descritos em suas especificações".[8] A Qualidade acertada deve ser garantida através da prevenção de erros, do controle de Qualidade, bem como pelo treinamento e motivação de cada funcionário.

Uma grande ameaça às empresas prestadoras de serviço é a crescente insatisfação entre os clientes que não reclamam. Por isso, toda empresa deve monitorar a satisfação dos clientes, através de pesquisas de mercado regulares.

A percepção do cliente de um determinado serviço é afetada por duas espécies de Qualidade: a *Qualidade Técnica (objetiva) e a Qualidade Humana (subjetiva)*.

A Qualidade técnica (objetiva) exprime o conteúdo tangível do serviço, como: cardápio ou carta de vinhos, local para estacionar, horário de funcionamento, condições de pagamentos, etc. E a Qualidade humana (subjetiva) exprime o conteúdo emocional do serviço, como: amabilidade, comprometimento, atenção, soluções de reclamações, etc.

Para melhorar a Qualidade de um serviço, é preciso definir os requisitos tanto para a Qualidade técnica, como para a humana. Quando uma empresa prestadora de serviço fixa padrões de Qualidade, quase sempre, são para a Qualidade técnica. O que não deveria ser, pois o fator humano tem um efeito crucial sobre a percepção. Assim, a Qualidade humana é, com freqüência, mais importante que a Qualidade técnica, porque os serviços são produzidos e usados ao mesmo tempo. A superioridade ou inferioridade do serviço torna-se visível no momento de contato.

Para que uma empresa prestadora de serviços sobreviva, ela tem que prestar atenção. Tem que registrar a percepção dos clientes, pelos serviços, da qualidade humana.

7.2 Qualidade do Serviço e Qualidade Pessoal

Apesar do progresso técnico, o elemento humano ainda é essencial nas empresas hoteleiras. Em serviços, o capital não é um fator preponderante, como na competitividade em produtos, onde a tecnologia é fundamental, precisando, assim, de investimentos; o que se destaca em serviços são os "Sistemas Gerenciais" e "pessoas".

A pessoa que presta o serviço é quem determina, em grande parte, a maneira pela qual o cliente o percebe. É dela que depende todo o processo de acolhida do cliente, e, conseqüentemente, a própria rentabilidade da empresa. Por isso, as empresas prestadoras de serviços devem apontar, fundamentalmente, a Qualidade do elemento humano, condição da competitividade e sobrevivência da empresa, já que a excelência do serviço depende de como esse elemento humano está interagindo com os clientes.

O comportamento individual do funcionário é determinado pelo desenvolvimento da sua Qualidade pessoal. E esta, por sua vez, irá elevar ou diminuir a Qualidade daquele serviço. A Qualidade está nas pessoas.

Nos serviços hoteleiros, são elas que fazem a diferença e ocupam lugar de destaque. É preciso que o hotel possua funcionários que tenham, simultaneamente, conhecimentos, habilidades e atitudes pertinentes, que queiram fazer o trabalho bem feito, inclusive com cortesia, educação, empatia, e estejam suficientemente motivados para realizarem o seu trabalho. Qualquer organização de serviços tem como tarefa mais importante capacitar o provedor individual a atuar de forma ótima em todas as situações. As pessoas devem ser o alvo principal da atenção e do serviço interno.

As empresas devem deixar o elemento humano devidamente preparado para assumir integralmente a empresa. Daí a necessidade de se investir na sua educação e treinamento, para bem capacitá-lo. A Qualidade pessoal, que os empregados estarão reproduzindo no momento em que estão interagindo com os clientes, resulta do somatório das aptidões inatas de cada indivíduo, e de todos os elementos a ele agregados, através da educação e do treinamento. Mais uma vez: é importante qualificar as pessoas que fazem parte da empresa para atuarem de forma ótima em todos os momentos, pois o sucesso da empresa depende da Qualidade desses momentos. Por isso, é importante elevar ao máximo o nível de desempenho de cada empregado, pois, além de repercutir positivamente nos negócios da empresa, elevará também a sua auto-estima, uma das necessidades fundamentais do seres humanos.

Em serviços, a vantagem competitiva aparece através do "ser humano", que é justamente o que faz a grande diferença. O Brasil tem, em seu favor, o fato de ter o povo brasileiro, considerado um dos mais hospitaleiros do mundo.

Na verdade, esta "Ética do bem-receber" é conseqüência do *jeitinho* brasileiro de ser, jeito este que destaca, no mundo, o brasileiro como povo amistoso, alegre, de fácil relacionamento. Isto caracteriza a diferença. Talvez, a mistura de raças e o convívio com as diferenças tenham ensinado a ser tolerante; tenham ensinado a aproximá-lo, de forma mais descontraída, das pessoas. O Brasil, com estas características do povo brasileiro, faz com que, em Qualidade de serviços, tenha uma extraordinária vantagem competitiva. E esta vantagem competitiva é de difícil superação, posto que ela tem raiz cultural, é nata. E, diferentemente de tecnologia, cultura não se compra; ela se desenvolve. E isto requer tempo, anos. Assim, é possível afirmar que: o Brasil tem condições de ser o melhor do mundo na Qualidade em serviços!

7.3 Qualidade Pessoal

A Qualidade pessoal é importante, porque ela é a base de todas as outras Qualidades. Com ela, inicia-se uma reação em cadeia de melhoramentos na Qualidade. A Qualidade, em todas as áreas da empresa, contribui para uma *Cultura de Qualidade,* a qual influencia toda a organização. Altos níveis de Qualidade pessoal geram altos níveis de Qualidade departamental, o que, por sua vez, geram produtos/serviços com Qualidade superior. Desta forma, o círculo positivo de desenvolvimento continua e é fortalecido.

A Qualidade pessoal pode ser definida como: "a satisfação das exigências e expectativas técnicas e humanas própria da pessoa e das outras".[9] Ela determinará o futuro de uma empresa.

7.4 Qualidade Departamental

É a base de qualquer programa de uma organização para o desenvolvimento da Qualidade. A Qualidade departamental pode ser definida como: "o quanto um departamento como um todo satisfaz as exigências e expectativas técnicas e humanas dele mesmo e do mundo exterior".[10]

O gerente de departamentos tem como tarefa definir, junto com a sua equipe, as metas de Qualidade para as funções, produtos e serviços do departamento. Essas metas devem ser revistas e atualizadas constantemente, sendo esta revisão baseada numa cuidadosa análise de valor.

Assegurar que o desempenho de um departamento está de acordo com o nível de Qualidade, evitando erros e cumprindo os prazos, é responsabilidade de todos os seus membros. Quando um departamento está atingindo as metas de Qualidade, ele está funcionando eficazmente.

7.5 Qualidade dos Produtos

"A Qualidade dos produtos e serviços é determinada pelo desempenho individual dos funcionários e dos departamentos".[11] Uma organização precisa trabalhar, continuamente, com a Qualidade pessoal, departamental, e com a Qualidade de seus produtos e serviços.

Um produto tem a sua Qualidade julgada tanto pelo produtor, quanto pelo consumidor. Ela pode ser algo tangível e objetivo, ou algo subjetivo e emocional.

Do ponto de vista do produtor, a Qualidade do produto é definida como: "o grau até o qual um produto satisfaz os requisitos descritos na sua especificação".[12] Para se produzir e entregar bens de uma certa Qualidade, é preciso implementar um controle constante da Qualidade, juntamente com os esforços contínuos para evitar e corrigir erros, além de iniciar esforços permanentes para simplificar e aperfeiçoar o processo de produção.

A Qualidade do produto, no ponto de vista do consumidor, pode ser definida como: "o grau até o qual um produto satisfaz as exigências dos clientes, com respeito à função e ao gosto".[13] Aqui o que conta é a percepção do cliente. A Qualidade de um produto é melhor somente se assim o cliente o achar, não importando os aperfeiçoamentos técnicos e objetivos feitos pelos peritos.

Mais uma vez, é importante ressaltar que é essencial que as empresas conduzam regularmente pesquisas para medir a satisfação dos clientes.

7.6 Qualidade da Empresa

"A Qualidade da empresa pode ser definida pelo grau até o qual o desempenho global de uma empresa satisfaz as exigências e expectativas 'técnicas' e 'humanas'."[14] São os clientes e os funcionários que fixam essas exigências e expectativas.

A empresa pode procurar melhorar, primeiramente, a Qualidade de seu pessoal, seus departamentos, produtos e serviços, uma vez que tanto a imagem como a posição de mercado são, em grande parte, determinadas pela percepção dos clientes, a respeito da Qualidade nessas quatros áreas, seguindo depois para a introdução de "uma cultura de Qualidade", a qual influenciará toda a organização.

Os responsáveis pela empresa, conjuntamente com os especialistas em Qualidade, projetam um Programa Para o Desenvolvimento da Qualidade. Os fatores, necessidades e desejos da empresa, tipo da indústria, imagem da empresa, sua situação financeira, o presente nível de Qualidade da empresa, sua consciência de Qualidade, a situação competitiva, a cultura da empresa, relações internas e externas e, assim por diante, determinarão o conteúdo, a abordagem e a extensão deste programa.

Existem indicadores de uma empresa de Qualidade, tais como: foco no desenvolvimento da Qualidade, participação da gerência no processo de Qualidade, clientes satisfeitos, funcionários comprometidos, desenvolvimento da Qualidade a longo prazo, metas de Qualidade claramente definidas, o desempenho da Qualidade é premiado, o controle da Qualidade é percebido de forma positiva, a pessoa seguinte do processo produtivo é um cliente valioso, investimentos em treinamento e desenvolvimento de pessoal, prevenção/redução de erros, nível de decisão adequado, caminho direto até os usuários finais, ênfase tanto na Qualidade técnica como na humana, ações da empresa dirigidas às necessidades dos clientes, análise de valor permanente, e reconhecimento, pela empresa, do seu papel na sociedade.

Capítulo 8

ISO

As normas das séries ISO 9000 e ISO 14000 são um conjunto de normas internacionais bem estabelecidas e reconhecidas. Se os hotéis querem anunciar aos turistas de todo o mundo a Qualidade de seus serviços, a melhor forma é basear-se nelas.

Houve uma adaptação nas normas ISO 9000 para a indústria da hospitalidade e hotéis, pois as normas vieram do setor de produção. A aplicação dessas normas na indústria hoteleira é comprovada quando se reconhece que elas definem o termo *produto* e *serviço*, ou sua combinação, e devem se aplicar somente a *produto pretendido*.

Foi devido à internacionalização crescente do turismo, que os hotéis passaram a considerar a implantação do sistema de garantia da Qualidade internacional, conhecida como as normas ISO 9000. Com o uso de um sistema de garantia da Qualidade normalizada, muitos hotéis podem lucrar.

A aplicação de um sistema de Qualidade, dirigido pela série ISO 9000, pode ajudar a corrigir deficiências e, certamente, ajudará a aumentar a satisfação do cliente. Tem como vantagem adicional a garantia de que as normas oferecem um ponto de referência comum para turistas em todo o mundo.

8.1 O que é ISO 9000?

ISO é a sigla de *Internacional Organization for Standardization (Organização Internacional para Normalização)*. E o representante do Brasil na ISO é a ABNT *(Associação Brasileira de Normas e Técnicas)*. A série ISO 9000-9004 passou a existir em 1987, quando um

conjunto de cinco normas, voltado para o gerenciamento e a garantia da Qualidade, foi publicado em Genebra. São elas:
- ISO 9000 – Diretrizes Para Seleção e Uso da Norma Apropriada;
- ISO 9001, 9002 e 9003 – Modelos Para a Garantia da Qualidade;
- ISO 9004 – Diretrizes Para Sistemas de Gestão da Qualidade.

A ISO serve para orientar a empresa quanto à norma que ela deve escolher para adotar um modelo e, com isso, garantir a Qualidade dos produtos/serviços. As empresas escolhem essas normas através de seu conteúdo:
- ISO 9001 – trata de atividades de projeto, desenvolvimento, produção, instalação e assistência técnica (composta por 20 itens);
- ISO 9002 – trata apenas de produção, instalação e pós-venda (composta por 19 itens);
- ISO 9003 – trata de processos de inspeção e ensaios finais (composta por 16 itens).

O objetivo principal da ISO 9000 é ajudar os leitores a decidir qual das três normas melhor se aplica às suas necessidades. A ISO 9001 é a mais completa, seus itens descrevem as exigências de garantia da Qualidade.

A ISO 9002 talvez seja a norma que deve ser preferida pelo setor hoteleiro e por restaurantes. Ela é para ser usada quando as conformidades com relação a exigências específicas devem ser garantidas pelo fornecedor durante a produção, instalação e serviços associados.

E a ISO 9003 não é para ser usada na indústria da hospitalidade.

Estas normas são aplicáveis em contratos que exijam demonstração de que a empresa fornecedora do produto/serviço é administrada com Qualidade.

A ISO 9004 deve ser usada apenas como referências, e não são normas de cumprimento obrigatório. Ela apresenta as diretrizes para o sistema de gerenciamento da Qualidade, sendo aplicadas em todas as atividades que influenciam na Qualidade do produto.

A ISO 9000 exige apenas que o sistema da Qualidade seja documentado, a fim de possibilitar à empresa verificar qualquer problema que venha afetar a Qualidade do seu trabalho.

A ISO 9000 serve para facilitar a vida da empresa. Com ela, a empresa consegue:

- Demonstrar que trabalha com Qualidade para seus clientes atuais e futuros;
- Facilitar as relações comerciais;
- Responder com precisão a eventuais reclamações, inclusive para com a justiça;
- Uma imagem positiva junto aos clientes, fornecedores, empregados e à sociedade;
- Ter produtos com Qualidade reconhecida em todo o mundo;
- Facilitar as exportações;
- Manter e atrair novos clientes;
- Que, com o trabalho melhor definido e planejado, haja uma redução de perdas, quebras, reclamações e, conseqüentemente, de custos;
- Ficar, legalmente, mais protegida contra difamações ou reclamações descabidas;
- Gerar maior competitividade e lucratividade;
- Encontrar onde uma falha for provocada.

Do ponto de vista do cliente, a ISO 9000 só traz vantagens. Ele fica mais satisfeito, porque este atende exatamente às especificações, de acordo com as necessidades daquele. E a sociedade que tem empresas certificadas passa a ser mais competitiva, gerando mais empregos e recolhendo mais impostos.

A ISO traz benefícios para os funcionários, também, pois as atividades ficam bem definidas, evitando-se as perdas e os conflitos. Com um melhor planejamento, eles deixam de fazer as coisas no imprevisto. Com isto, reduzem os acidentes e retrabalhos. Eles recebem mais treinamentos e aceleram seu desenvolvimento profissional, melhorando a Qualidade e a produtividade. Dessa forma, as perspectivas futuras são as melhores, além do fato de saber que a empresa está bem, o que os deixa mais tranqüilos para trabalharem.

O tipo de trabalho de cada empregado vai ser o mesmo com a ISO 9000; a forma de executá-lo é que fica melhor definida, além de ficar mais previsível, pois a prevenção fará parte da rotina.

Para se certificar pela ISO 9000, é preciso que cada área da empresa revise e padronize sua rotina de trabalho, deixando organizada a documentação da Qualidade. É preciso, também, identificar as expectativas dos clientes (internos e externos) e transformá-las em especificações, ou seja, na linguagem da empresa. A participação dos empregados é de suma importância. Cada empregado deve buscar a melhoria contínua, controlando suas próprias atividades. Participando da elaboração, revisão e execução dos procedimentos, e dando sugestões para melhorar o trabalho. Tomando ações preventivas e corretivas, quando necessário.

Para obter a certificação, a empresa precisa estar em contato com uma identidade idônea, credenciada por órgãos internacionais, a fim de avaliar a certificação. Esta avaliação é, também, chamada de *auditoria de certificação*. É uma avaliação para verificar se o sistema da Qualidade está de acordo com a ISO 9000, tanto no que ele se propõe, como, também, na prática. Se houver determinação e disciplina, a empresa a consegue. Depois de certificada, a empresa tem que continuar fazendo as melhorias, pois, para manter a certificação, a empresa vai ser avaliada periodicamente.

ISO 9000 NA HOTELARIA

O hotel Le Meredian de Cingapura foi um dos primeiros hotéis a obter a certificação ISO 9000 na Ásia. O primeiro hotel das Américas, a obter a certificação ISO 9002 foi o Hotel Transamérica, em São Paulo. Ele obteve uma certificação completa, abrangendo todas as áreas, desde recepção, A&B, até convenções, em junho de 1996, uma das principais vantagens obtidas com a implantação da ISO 9002.

8.2 A Implementação da ISO 9002 em um Hotel

Dependendo da abrangência da certificação almejada pelo hotel, e de outras considerações, algumas opções da ISO 9002 estão disponíveis. A seguir, será ilustrado como os parágrafos, da ISO 9002, podem se aplicar a todos os departamentos do hotel.

HOTEL	RESTAURANTE	COZINHA	GOVERNANÇA	CONVENÇÕES
4.1	4.1	4.1	4.1	4.1
4.2	4.2	4.2	4.2	4.2
4.3	4.3	4.3	–	4.3
4.4 N/A	4.4 N/A	4.4 N/A	4.4 N/A	4.4 N/A
4.5	4.5	4.5	4.5	4.5
4.6	4.6	4.6	(4.6)	4.6
4.7	4.7	4.7	–	4.7
4.8	4.8	4.8	–	–
4.9	4.9	4.9	4.9	4.9

(continua)

HOTEL	RESTAURANTE	COZINHA	GOVERNANÇA	CONVENÇÕES
4.10	(4.10)	4.10	4.10.3 &.4	4.10.4
4.11	–	4.11	–	–
4.12	–	4.12	4.12	4.12
4.13	4.13	4.13	4.13	4.13
4.14	4.14	4.14	4.14	4.14
4.15	4.15	4.15	–	(4.15)
4.16	4.16	4.16	4.16	4.16
4.17	4.17	4.17	4.17	4.17
4.18	4.18	4.18	4.18	4.18
4.19	–	–	–	–
4.20	4.20	4.20	(4.20)	(4.20)

Sendo:
Parágrafo 4.1 – Responsabilidade da Administração.
Parágrafo 4.2 – Sistema de Qualidade.
Parágrafo 4.3 – Análise Crítica de Contrato.
Parágrafo 4.4 – Controle de Projeto.
Parágrafo 4.5 – Controle de Documentos e Dados.
Parágrafo 4.6 – Compras.
Parágrafo 4.7 – Controle de Produto Fornecido pelo Cliente.
Parágrafo 4.8 – Identificação e Rastreabilidade do Produto.
Parágrafo 4.9 – Controle do Processo.
Parágrafo 4.10 – Inspeção e Ensaios.
Parágrafo 4.11 – Equipamentos de Inspeção, Medição e Ensaios.
Parágrafo 4.12 – Status da Inspeção e Ensaios.
Parágrafo 4.13 – Controle de Produtos Não-Conforme.
Parágrafo 4.14 – Ações Corretivas e Preventiva.
Parágrafo 4.15 – Manuseamento, Armazenamento, Embalagem, Preservação e Entrega.
Parágrafo 4.16 – Controle de Registro da Qualidade.
Parágrafo 4.17 – Auditorias Internas.
Parágrafo 4.18 – Treinamento.
Parágrafo 4.19 – Serviços Associados.
Parágrafo 4.20 – Técnicas Estatísticas.

Esta tabela é apenas uma sugestão sobre os processos que devem existir para cada departamento.

O propósito da implementação da ISO 9002 é o de verificar se um determinado parágrafo desempenha um papel significante na interação cliente/fornecedor, para, então, aplicá-lo em todos departamentos. Outra forma de se analisar a aplicabilidade dos elementos da ISO 9002 ao hotel seria a divisão do mesmo em processos principais, ou seja, cada departamento é com posto por diversos processos ou subprocessos. Cada hotel, com suas particularidades, poderá entender, por ser interessante ou não, aplicar alguns dos elementos. Tal fato deve ater-se a uma relação custo-benefício.

8.3 A Estruturação de um Sistema de Qualidade

A estruturação de um sistema de garantia da Qualidade irá variar de hotel para hotel. Quando a gerência do hotel adota um amplo escopo, que inclui todas as atividades desempenhadas no hotel, sugere-se a seguinte estrutura hierárquica:

Nível 1: Manual de Política da Qualidade do Hotel – é o nível mais elevado do manual da Qualidade. Ele aborda todas as cláusulas da norma ISO 9002, mas será escrito em termos gerais;

Nível 2: Manual da Qualidade de Departamentos – é onde cada departamento adota a política estabelecida no documento de política de nível 1;

Nível 3: Procedimentos de Departamento – é onde cada departamento documenta procedimentos específicos. Aqui, eles preparam procedimentos sobre como desempenhar tarefas específicas. Os registros serão mantidos por todos os departamentos.

Podemos implementar essa documentação, em dois modos de orientação diferentes. Temos o Manual da Qualidade, sendo implementado, primeiramente, seguindo para os demais níveis. Quando se atingem os níveis mais operacionais, o sistema poderá exigir que alterações sejam feitas, o que poderá acarretar um trabalho duplo neste caso. Mas, quando se faz o processo inverso, apresentando um avanço dos documentos mais operacionais, em sentido daqueles considerados mais gerenciais, poder-se-á encurtar alguns caminhos durante a implementação.

Antes de redigir um ou mais procedimentos, é necessário destacar o porquê de estar fazendo-o. Para tanto, existem duas razões: uma porque é umas das exigências da norma ISO 9002, e outra é porque você identificou não-conformidades ou problemas, que podem ser atribuídos à falta de procedimentos. Ao perceber que um procedimento é necessário, é necessário que se destaque que extensão esse procedimento deve ter. Ele não deve ser extenso e deve supor que as pessoas que vão lê-lo foram contratadas para várias tarefas com base em suas habilidades, e passaram por um treinamento.

Desenvolver o sistema da Qualidade e testar sua eficácia através de auditorias internas é a tarefa mais difícil que espera a equipe de implementação da ISO 9000.

8.4 Padronizando Processos

Esta etapa, de padronização das atividades/processos é fundamental. Após ser definido todas as atividades/processos, deve-se obedecer a algumas regras básicas, antes de se padronizar qualquer processo. Recomenda-se que se avalie o processo, com o objetivo de verificarmos se este está atendendo aos padrões preestabelecidos, ou se pode ser melhorado, para, só então, documentar a atividade. O documento pode ser expresso através de vários meios, como: escrever um procedimento, fitas de vídeo, fotografias, amostras, etc. Feita a documentação, necessita-se de um treinamento para os envolvidos diretos nessa atividade. Passando-se, assim, para a etapa de auditorias internas, cujo objetivo é o de avaliar a permanente eficácia das atividades.

É importante ressaltar que as normas da série ISO 9000 asseguram a estabilidade do seu processo de produção e sua repetibilidade e, não diretamente, a da Qualidade de produtos. Pode-se dizer que o certificado ISO 9000 garantirá a manutenção de suas características.

Ou seja, a ISO 9000, garante apenas a padronização do processo, garante que as atividades serão feitas, sempre, exatamente da mesma maneira, não garantindo a Qualidade. Se o processo de padronização não for perfeitamente elaborado, e contiver falhas, essas falhas repetir-se-ão continuamente, prejudicando a excelência do serviço. Por isso, o planejamento e a avaliação do processo de produção devem ser vistos como de extrema importância para a garantia da competitividade.

8.5 A ISO 14001 e o Setor Hoteleiro

A ISO 14001 é uma norma opcional.

As grandes empresas, provavelmente, serão as primeiras a alcançar a certificação ISO 14001, principalmente aquelas associadas à poluição ambiental. E elas, provavelmente, exigirão que seus fornecedores alcancem o registro, sendo o processo repetido em toda a cadeia de fornecedores, o que gerará uma pressão para que se alcance a ISO 14001.

A ISO 14001 estabelece que a gerência deve definir a política ambiental da organização e assegurar que inclua um compromisso de obedecer à legislação ambiental relevante, às regulamentações e a outras exigências, às quais se propõe a organização.

Esta norma é aplicável a qualquer organização que deseje implementar, manter e aprimorar o sistema de gestão ambiental, garantir de que está em conformidade com a política ambiental estabelecida, demonstrar tal conformidade com a política de gestão ambiental estabelecida, procurar certificação/registro do sistema de gestão ambiental de uma organização externa, e afirmar a autodeterminação e autodeclaração de conformidade em relação à Norma Internacional.

A norma simplesmente estabelece que qualquer um que deseje a certificação ISO 14001 perceba que ela é uma opção e não uma exigência, e terá de identificar as exigências legais que sejam aplicáveis a aspectos ambientais de suas atividades, produtos e serviços.

Os hotéis devem considerar a ISO 14001 porque, nos últimos anos, o ecoturismo passou por um crescimento fenomenal. E ele é uma oportunidade de demonstrar que o desenvolvimento econômico e a preocupação pelo ambiente podem coexistir, simbioticamente.

Porém, não podemos, sugerir que a certificação ISO 14001 seja equivalente ao ecoturismo, pois o ecoturismo engloba conceitos adversos e, muitas vezes, não têm nada a ver com proteção do meio ambiente, como: desenvolvimento sustentável, manutenção da biodiversidade, redução do consumo exagerado, sustentação da economia local e, geralmente, prática do turismo responsável.

Recomendamos que as empresas interessadas na ISO 14001 implementem um sistema simples e prático, desenvolvido para adicionar valor, aumentando a eficiência e o lucro. A norma ISO 14001 pode ajudar as empresas a alcançarem seus objetivos.

Parte 2

Qualidade do Fator Humano na Hotelaria

Capítulo 9

Capital Humano

> "O problema de contratar um funcionário era que além dos dois braços e das duas pernas ele vinha com uma cabeça".
>
> Henry Ford

As empresas prestadoras de serviços devem apostar, fundamentalmente, na qualidade do elemento humano, já que a excelência do serviço, condição da competitividade e sobrevivência da empresa, depende de como esse elemento humano está interagindo com os clientes. Essa qualidade é obtida através da educação e do treinamento. Educação e treinamento irão agregar elementos junto às aptidões inatas de cada indivíduo e resultar a qualidade pessoal. É esta qualidade que os empregados estarão reproduzindo no momento em que estão interagindo com os clientes.

É importante qualificar as pessoas que integram a empresa, para atuarem de forma ótima em todos os "Momentos da Verdade" – a hora da verdade é qualquer episódio no qual o cliente entra em contato com qualquer aspecto da organização e obtém uma impressão da qualidade do seu serviço –, pois o sucesso da empresa depende da qualidade desses momentos. Daí a importância de se elevar ao máximo o nível de desempenho de cada empregado, que, além de repercutir positivamente nos negócios da empresa, elevará também, uma das necessidades fundamentais de todo o ser humano, a sua auto-estima. Pessoas com qualidade pessoal elevada são um importante ativo para a empresa, pois a excelência de bens e serviços depende da qualidade dos processos, e estes da qualidade das pessoas que os executam.

As empresas líderes do mercado realizaram grandes investimentos em educação e treinamento, pois compreenderam que uma iniciativa pela qualidade precisa tocar as vidas pessoais de todos na organização para ser bem sucedida.

A orientação para o serviço precisa fazer parte da psiquê organizacional coletiva. E isso se dá através da educação e do treinamento, e, com isso, é possível transmitir a estratégia do serviço, explicar como, no dia-a-dia, a estratégia pode ser posta em prática, desenvolver as habilidades pertinentes, para que cada pessoa possa realizar bem seu trabalho e levar as pessoas a se comprometerem com a excelência do serviço.

Com educação e treinamento, é possível fazer com que o funcionário tenha capacidade de se tornar um verdadeiro estrategista da qualidade, ou seja, alguém que tenha capacidade para dominar os problemas e as questões de qualidade dos clientes e liberdade para resolvê-los. Para isso acontecer, é preciso que a empresa possua um quadro funcional preparado, tecnicamente, e feliz pelo trabalho que realiza. Para tanto, a empresa precisa tratar o empregado como gente que possui, além de mãos, também, cabeça e sentimentos. O objetivo do treinamento é fazer com que os funcionários aperfeiçoem suas habilidades, para que estes possam entregar valor aos clientes.

Os dirigentes possuem um papel de catequizador de todos os seus subordinados. Para que isso ocorra, eles precisam sair de seus gabinetes de trabalho e conversar com seus funcionários, auxiliando-os a superar as dificuldades. Desta forma, os dirigentes estão apoiando, de modo prático, o treinamento. Vindo de cima, tal exemplo diz muito para todo o quadro funcional. Além disso, com este contato direto com os funcionários, fica mais fácil para os dirigentes captar as percepções sobre seus problemas e dificuldades, sendo este contato muito importante para a empresa.

O que se deve ter como princípio é que *todos são importantes*, e, a partir daí, a empresa pode desenvolver o seu próprio sistema de treinamento, pois cada setor tem avaliações diferentes. O que se tem que ter em mente é que o único ponto em comum é que um mensageiro possui um papel tão vital quanto o da gerência e do diretor. A engrenagem só vai funcionar como deveria se cada um fizer a sua parte. Senão, começam a aparecer as 'falhas' de funcionamento, que levam ao descontentamento, aos problemas e, por fim, às crises.

Treinamento em qualidade começa pela educação e esse é um dos pontos mais relevantes deste assunto. Os Gerentes de Treinamento, sempre almejando melhorar os trabalhos de sua equipe, convivem com diversos tipos de indivíduos, que foram educados nas escolas, mas com históricos de educação familiar do tipo:

1. Indivíduos que, quando entram no mercado de trabalho, temem tomar decisões, por isso não têm ascensão na empresa, pois, quando crianças, foram podadas em suas atitudes, desencorajadas a questionar sobre os mais variados assuntos, ensinadas a obedecer sem questionar;
2. Indivíduos que, quando chegam às empresas e recebem um NÃO, ficam emburrados ou brigam de modo ferrenho para impor suas vontades, pois, desde pequenos, foram criados sem ouvir um NÃO;
3. Indivíduos que se encontram engajados no mercado de trabalho e, ao se verem ameaçados por colegas ou superiores, tornam-se agressivos, a fim de não perder o espaço conquistado, por serem pessoas que conseguiram as coisas na vida com muita luta e sacrifício pessoal.

Cada empregado, a fim de consumar seus objetivos pessoais, quer levar a organização hoteleira para um lado. Treinar toda essa massa humana é um teste ao desenvolvimento do pensamento crítico. É um trabalho árduo, mas gratificante. Tudo isto que foi relatado acima está acontecendo do lado de dentro do balcão. Só que do outro lado do balcão existem pessoas com os mesmos anseios e problemas, mas com um agravante: eles são chamados de *clientes* e como se diz: "cliente tem sempre razão".

Mas, a preocupação é uma só – mão-de-obra é a chave para que as empresas prestadoras de serviço abram suas portas para os clientes, com oferta de serviços de boa qualidade.

Os dirigentes que perceberem que quanto mais repassarem conhecimento aos seus empregados, quanto mais os estimularem a desenvolver suas competências (até fora dos limites das empresas), quem mais estará ganhando, primeiramente, com tudo isso, será ele mesmo, pois repassará aos clientes serviços de qualidade superior.

Um grande problema é que o mercado não abastece a Hoteleira e o Turismo com candidatos treinados dentro das especificações que o hotel ou a agência deseja, cabendo ao setor de Recursos Humanos conscientizá-los dos padrões delineados pela direção do hotel, através de treinamentos introdutórios.

O desenvolvimento pessoal é um componente de formação permanente. Ele é um projeto contínuo de desenvolvimento das capacidades físicas, emocionais e intelectuais, baseado em valores morais e culturais, permitindo ao indivíduo tornar-se pessoa e relacionar-se harmoniosamente com o universo, a humanidade, todos os seres vivos. A formação permanente não pode ser confundida com treinamento, que é condicionamento e que ensina, sem variantes possíveis, uma única maneira de realizar uma boa operação. Ela deve ser, também, um desenvolvimento que torne a pessoa autônoma e não autômata, e capaz de tomar as decisões adequadas.

O desenvolvimento pessoal é dividido em três estágios:

1º estágio: Desenvolvimento de Equipe – onde ocorre a integração do indivíduo com o meio ambiente, a exposição da linguagem, das normas e políticas da empresa, para que não ocorram diferenças marcantes de atuação entre os empregados. Aqui, busca-se um elogio para a equipe, e não para indivíduos;

2º estágio: Desenvolvimento Gerencial – aqui, ocorre a transferência de conhecimentos básicos, para os novos supervisores, relativos à administração de pessoal, de materiais, de máquinas e equipamentos, de tempo, qualidade e de recursos financeiros;

3º estágio: Desenvolvimento Organizacional – visa a identificar os grupos informais conflitantes, para ajudar na fase da crise aguda do relacionamento e acompanhamento, com terapia posterior, até a eliminação do problema. Isto, é realizado com o apoio de psicólogo, assistente social e até um médico-clínico. Este processo deve ser conduzido com muita destreza, para não piorar mais os ânimos do quadro funcional.

As empresas prestadoras de serviços precisam se conscientizar da necessidade de mudar algumas posturas, para contribuir para a satisfação das pessoas, sejam elas clientes, empregados, sócios e acionistas, e implantá-las de modo efetivo, para, assim, ficar dentro do mercado.

Para se obter sucesso na empresa, é primordial a Qualidade da mão-de-obra adequada às políticas internas da empresa. Quantidade de empregados não é sinônimo de bons serviços. A Qualidade é garantia de sucesso para o empreendimento.

Um grande objetivo deste estudo é mostrar a importância do perfeito e adequado treinamento de uma equipe de trabalho, e que a empresa que aplicá-los terá como conseqüência benefícios para o cliente, para os empregados e para os empresários.

O atual mercado exige uma preocupação constante com o lado humano, pois os conflitos sociais são gritantes. O que muitos hotéis cobram por uma diária, a maior parte do quadro-de-pessoal não leva pra casa no final do mês! É preciso selecionar e treinar muito bem os funcionários para não sofrer conseqüências desastrosas. O turista não quer saber se o empregado não gosta do que faz, se não é bem tratado pelos seus supervisores, se ganha pouco, se está ou tem alguém doente em casa. O cliente quer, e exige, que o serviço seja bem-feito, com um sorriso sincero e constante, dedicação ao extremo, pois se aquele hotel não agir deste modo, outro agirá. O processo de Qualidade começa e termina com a educação dos profissionais envolvidos no ciclo de satisfação dos clientes. Entretanto, a gestão destes conflitos não é fácil. A preocupação com o ser humano é importante e devem considerados ambos os lados, o cliente com suas referências e expectativas, e os funcionários, com seus problemas e com suas expectativas pessoais. Afinal, como exigir de um funcionário que está com seu filho em casa, sozinho ou com alguma outra pessoa, ardendo em febre, que ela arrume direito o apartamento???

Na nova trajetória, as empresas prestadoras de serviços terão como palavras-chave Treinamento e Qualidade. E a adequada utilização dos recursos, sejam eles humanos, operacionais, financeiros ou mercadológicos, além de posturas organizacionais de vanguarda, serão fatores preponderantes para atingir a excelência na Qualidade e, conseqüentemente, o sucesso empresarial. Já existem grupos hoteleiros que estão desenvolvendo tecnologia de ponta, confirmando a premissa de que a atenção dada a uma política de treinamento e desenvolvimento de pessoal traz pronto retorno na Qualidade dos serviços prestados a hóspedes e turistas.

9.1 Alguns Bons Exemplos

9.1.1 Universidade Disney

Muito se tem falado e escrito sobre a Eficiência Disney ou sua Excelência e Qualidade. Tanto empresários, consultores, quanto escritores e jornalistas, nacionais e internacionais, apresentam o tema como um dos melhores exemplos do empresariado americano, de como uma grande companhia comunica seus valores a seus empregados.

Empregados sempre com um sorriso pronto e muito jeito para lidar com o público, era isso que Walt Disney esperava que seus funcionários tivessem. Ele queria desenvolver sua própria gente, pessoas que não achassem que este era apenas outro emprego qualquer, ou que não se orgulhassem da Disneylândia. Ele já sabia que o público não os julgaria só pelas atrações oferecidas e que, por isso, precisavam de pessoas atenciosas, amáveis e prestativas. Seus assessores ouviam sempre que seus funcionários precisavam estar apaixonados pela Disneylândia, como eles estavam.

Assim, sete anos após a inauguração da Disneylândia, nasceram os programas de treinamento que se transformaram no que é hoje a Universidade Disney.

A Universidade Disney foi criada para treinar o pessoal que trabalha na Disneylândia e transmitir ao público a filosofia e a cultura empresarial Disney, sendo destinada exclusivamente a treinar os futuros empregados, de acordo com as regras de conduta traçadas por Walt. Logo que um candidato é selecionado e recrutado, ele vai aprender o que o programa Disney quer dizer e sentir-se orgulhoso e feliz por trabalhar para a organização, numa espécie de envolvimento emocional que o faz disposto a preservar a imagem, e a prestar serviços rápidos, eficientes e cordiais.

Uma instituição educacional com diversos níveis, operada por uma equipe em tempo integral, em terreno da Disney, esta é a Universidade Disney. O funcionário é treinado para colocar o hóspede num pedestal, bem como assimilar a filosofia Disney. Com aulas de vários idiomas, de informática, contabilidade, arte dramática e dança de discoteca, muitos dos cursos dão créditos universitários. Todos os membros da Disneylândia podem freqüentá-la, porém, sua finalidade principal é transmitir que o mundo Disney gira em torno do visitante, que deve ser amado e cuidado e, dentro do possível, até reverenciado.

Outro bom exemplo é a Universidade do Hambúrguer, do McDonald's, que é considerada uma das mais criativas.

9.1.2 Universidade do Hambúrguer

A Universidade do Hambúrguer foi inaugurada em outubro de 1997, em *Alphaville*, São Paulo. Lá são ministrados cursos de especialização em todos os aspectos da operação dos restaurantes. A atenção com a formação dos funcionários é tanta que a Universidade é tida como um dos centros de treinamento privado mais avançados do Brasil.

Ela pode oferecer até três cursos, simultaneamente, para 240 alunos ao todo. Existem cursos para os gerentes de restaurante próprios e para os franqueados. E a Universidade também conta com turmas do Curso Avançado de Operações, específico para formação de gerentes operadores e empresários em treinamento para assumir uma franquia.

Estes dois exemplos são funcionais na parte operacional da empresa, mas, quando se observa o aspecto humano, o processo se torna relativamente paradoxal. Nestas duas empresas citadas, estas "alienam" seus funcionários, já que eles são treinados de forma que se fizerem errado suas funções, operacionalmente falando, o resultado final será o mesmo. Ou seja, se o responsável pelas batatas fritas do McDonald's esquecer de olhar se já está no ponto de tirá-las, nada vai acontecer, pois a fritadeira irá apitar e avisá-lo de que já está na hora. Ele não precisa pensar para exercer sua função, sendo bom para a empresa, porque ela não perderá aquela leva de batatas fritas. Estes treinamentos são bons para mostrar a cultura da empresa e a maneira como a sua equipe de trabalho deve se comportar, sendo cordiais, educados..., porém pouco se faz para desenvolver o intelecto dos funcionários. Eles não fazem questão de ter uma pessoa pensante exercendo suas atividades. Para essas empresas, este sistema tem muito do *Taylorismo*, principalmente ao se tratar do desenvolvimento intelectual de seu pessoal.

Capítulo 10

Qualidade Pessoal

A base de todos os outros tipos de Qualidade é a Qualidade Pessoal. Ela pode ser definida como a satisfação das exigências e expectativas técnicas e humanas da própria pessoa e das outras. Esta Qualidade é crucial para a auto-estima, a qual determina o bem-estar, a eficiência, a atitude e o comportamento. Os esforços e desempenho dos indivíduos determinam a percepção, pelos clientes, da Qualidade dos serviços, a qual torna-se quase um sinônimo de Qualidade Pessoal. É aí o melhor lugar para se iniciar o desenvolvimento da Qualidade.

A Qualidade Pessoal inicia uma reação em cadeia de melhoramentos na Qualidade.

```
ALTOS NÍVEIS DE QUALIDADE PESSOAL
            ⇓
ALTOS NÍVEIS DE QUALIDADE NOS DEPARTAMENTOS
            ⇓
PRODUTOS E SERVIÇOS DE QUALIDADE SUPERIOR
            ⇓
         "CULTURA DA QUALIDADE"
       (Influencia toda a empresa)
```

Fonte: O lado humano da Qualidade. Claus Moller.

Desta forma, o círculo positivo de desenvolvimento continua e é fortalecido. A tarefa mais importante da gerência é motivar pessoas, que é o recurso mais valioso da empresa.

Para desenvolver a Qualidade Pessoal, é preciso entender que há uma grande diferença entre aquilo que uma pessoa é capaz de fazer e aquilo que ela realmente faz, e que o comportamento de uma pessoa pode oscilar muito – de acordo com as situações –, e, por último, que pessoas diferentes têm desempenhos diferentes. A Qualidade Pessoal começa com os próprios padrões do indivíduo para esta Qualidade.

Há dois padrões para a Qualidade Pessoal: O NÍVEL AP é o nível que a pessoa, na situação presente, está de fato fazendo. E O NÍVEL IP é uma expressão dos desejos, expectativas e exigências mais íntimas de uma pessoa, de acordo com seu desempenho.

A pessoa só fica satisfeita quando o nível AP está próximo ao nível IP.

10.1 Nível AP: Nível Atual de Desempenho

Ele pode ser influenciado tanto por aquilo que a pessoa espera de si mesma, como pelas exigências que os outros colocam sobre o seu desempenho.

Ele não é estático, pode mudar de uma situação pra outra. Ele está constantemente sujeito a influências variáveis.

10.1.1 Fatores Influenciáveis

O fator que mais influencia este nível é a auto-estima. A auto-estima é determinada pelo reconhecimento que a pessoa dá a si mesma, ou recebe de outras pessoas.

É necessário que a pessoa saiba quais são suas metas. Se elas não forem bem definidas ou perfeitamente claras, o nível AP cairá. O mesmo ocorrerá se ela não compreender porque está executando tal tarefa específica. Os pré-requisitos para o comprometimento e para se atingir um alto nível AP são: conhecer a meta e compreender porque um trabalho está sendo feito.

O sucesso e o fracasso também estão relacionados com este nível. O sucesso certamente eleva o nível AP, e o fracasso abaixa. Porém, não é raro quando ele motiva as pessoas a fazerem um esforço extra.

Outro fator que influencia são os ambientes físicos. Quando eles são funcionais e harmoniosos, além de terem equipamentos apropriados e atualizados, são uma alavanca para este nível. Tal como, também, a experiência e as habilidades, pois elas podem influenciar, tanto positivamente, quanto negativamente. O aumento da experiência e das habilidades eleva o nível AP.

O nível AP também sofre influências da natureza da tarefa. A pessoa precisa gozar de uma sensação de bem-estar ao fazer seu trabalho para manter um alto nível AP. Tempo demais e falta de tempo também afetam o nível AP. O nível AP é o máximo quando a pessoa encontra o equilíbrio que melhor se adapte ao seu ritmo de trabalho, e quando está sob "quantidade certa" de pressão.

As pessoas também são influenciadas pelo nível AP dos outros. Isto ocorre, principalmente, quando são pessoas que você respeita, colegas mais próximos, familiares, amigos e chefe. As pessoas que tentam, com consistência, elevar seu nível AP, são aquelas com um alto nível IP. Mais alto será o nível de Qualidade do seu desempenho em todas as situações, quanto mais altos os seus ideais.

10.2 Nível IP: Nível Ideal de Desempenho

Pode ser definido como o ideal da pessoa sobre a sua própria Qualidade Pessoal.

O padrão ideal de Qualidade é um dos valores mais importantes que as pessoas tem. Ele determina como a pessoa avalia a Qualidade de seu próprio desempenho e o dos outros. Este nível influencia a pessoa sobre o estabelecimento de limites em sua própria capacidade, tendo um efeito decisivo sobre o seu desenvolvimento, sua eficácia, suas relações com o mundo ao seu redor, e suas oportunidades no futuro.

10.2.1 Fatores Influenciáveis

O nível IP de uma pessoa toma forma durante os primeiros anos de sua vida. As pessoas que têm maior influência neste nível são as pessoas que ficam mais próximas nesses primeiros anos, como pais, irmãos, amigos e professores. Além disso, este nível é influenciado, também, pela exposição, aos meios de comunicação, como rádio, TV, jornais, filmes, livros e revistas.

O nível IP da pessoa é especialmente influenciado pela experiência que ela tem do mundo que a cerca e pelos seus comportamentos e exemplos, exigências e expectativas, e pelos reconhecimentos e recompensas. Do nascimento até os 25 anos de idade, este nível se desenvolve, e, por volta dos 25 anos de idade, seu nível IP torna-se relativamente estável. Depois dessa idade, somente podem provocar mudanças perceptíveis em seu IP experiências emocionais fortes.

10.3 A Diferença entre o Nível IP e o Nível AP

A descrição anterior indica que:

→ A pessoa pode elevar sua Qualidade Pessoal elevando seu nível AP;
→ O nível IP de uma pessoa é relativamente estável;
→ Pode haver uma grande diferença entre aquilo que a pessoa é capaz de fazer (nível IP) e aquilo que ela realmente faz (nível AP).

A capacidade não utilizada representa o maior potencial de desenvolvimento para uma pessoa. E a maioria delas têm grande potencial para desenvolvimento, e também têm amplas oportunidades para elevar seu nível AP e utilizar esse potencial.

10.4 O que Significa Qualidade Pessoal

Ela significa que a pessoa tem que saber que ela é um patrimônio para o departamento, empresa ou organizações onde trabalha, quando tem seus padrões de Qualidade Pessoal elevados.

Quando a pessoa tem um bom padrão de Qualidade Pessoal, ela consegue alguns benefícios, como:

→ As outras pessoas confiam e respeitam;
→ As chances de ser nomeado para funções excitantes e desafiantes aumentam;
→ Cometem menos enganos e não tem que fazer as coisas de novo;
→ As outras pessoas não precisam verificar o trabalho;
→ Produz mais;
→ Não é criticada;
→ Torna-se mais apta para educar os filhos;
→ É um exemplo melhor para os jovens;
→ Fortalece a auto-estima;
→ A vida da pessoa passa a ter mais significado e propósito;
→ A qualidade de vida da pessoa melhora.

10.5 A Importância da Auto-estima

A atitude da pessoa em relação a si mesmo e a seu próprio valor é o mais importante. A pessoa precisa saber se ela está *OK* ou não. Esta pequena atitude influencia toda as outras atitudes em relação à vida. É importante, para a pessoa, sentir-se *OK*. Isto é auto-estima.

A auto-estima esta diretamente ligada ao comportamento, desenvolvimento, sensação de bem-estar, eficácia, o nível de desempenho da pessoa, e até mesmo às relações que ela tem com outras pessoas.

Produzir um alto nível de Qualidade Pessoal é o método mais eficaz para a manutenção e o desenvolvimento da auto-estima.

10.6 Regras para Melhorar o Nível AP das Pessoas

As pessoas podem ajudar a desenvolver seu nível AP e a criarem um maior senso de satisfação, tanto para elas mesmas como para as pessoas que as cercam. Para isso, elas têm que seguir algumas regras:

1. Fixar metas de qualidade pessoal;
2. Estabelecer sua própria contagem de qualidade pessoal;
3. Verificar o quanto os outros estão satisfeitos com os seus esforços;
4. Encarar sua ligação seguinte como cliente valioso;
5. Evitar erros;
6. Executar as tarefas de forma mais eficaz;
7. Utilizar bem os recursos;
8. Ser comprometido;
9. Aprender a terminar aquilo que começar e fortalecer sua autodisciplina;
10. Controlar seu estresse;
11. Ser ético, mantendo sua integridade;
12. Exigir qualidade.

*Executar as tarefas de forma eficaz é uma parte crucial da Qualidade Pessoal. Se a pessoa tiver objetivos, descrição do atributo, prazos, responsabilidade e autoridade, auxílio do chefe (ou subordinados), fixadas prioridades, informações adequadas, imaginado todos os possíveis problemas e obstáculos, evitar perdas de tempo, retorno, Qualidade, responsabilidade pelos erros, comprometimento e lealdade, reconhecimento, ela irá: elevar seu nível AP, achar seu trabalho mais significativo e compensador, realizar mais, ter mais a dizer a respeito das suas atribuições, fortalecer sua auto-estima e sentir-se a melhor a seu respeito, e a respeito dos outros.

Quando uma pessoa tem o nível AP alto, ela indiretamente ajuda a levantar o nível de Qualidade daqueles que a cercam.

10.7 Qualidade dos Serviços X Qualidade Pessoal

A QUALIDADE DOS SERVIÇOS pode ser definida como "o grau até o qual um serviço satisfaz os requisitos descritos em suas especificações".[1]

Como já foi dito, a pessoa que presta o serviço é quem determina, em grande parte, a maneira pela qual o receptor o percebe. O nível AP, em uma situação de serviço, determinará o comportamento individual do provedor naquele momento.

Por isso, o desenvolvimento da Qualidade Pessoal do provedor do serviço irá elevar, imediatamente, a Qualidade daquele serviço. Capacitar o provedor individual a atuar de forma ótima, em todas as situações de serviço, é a tarefa mais importante das organizações prestadoras de serviços. Por isso, a diretoria deve trabalhar com fatores que influenciam o nível AP. Elas devem considerar seus funcionários como o alvo principal da atenção e do serviço interno. Os provedores tratam melhor os recebedores dos seus serviços quando se sentem bem tratados.

Qualquer organização de serviços pode realizar muito, através de um programa de treinamento para todos os funcionários, enfatizando atitudes, relações interpessoais e comunicação. *O importante é que elas focalizem as pessoas* e tenham como meta ajudar o indivíduo a atuar melhor em seu papel de provedor de serviços e de colega.

Os treinamentos também mostram como a gerência pode manter-se em contato com as exigências de serviços dos clientes e, ao mesmo tempo, motivar os funcionários a satisfazer essas exigências, e demonstrar um elevado nível de Qualidade Pessoal.

A empresa deve procurar melhorar a Qualidade do seu pessoal, seus departamentos, produtos e serviços, já que tanto a imagem como a posição de mercado são, em grande parte, determinadas pela percepção dos clientes a respeito da Qualidade nessas quatro áreas. Ela deve, também, introduzir uma "Cultura de Qualidade", a qual influenciará toda a organização.

A Qualidade da empresa pode ser definida pelo grau até o qual as exigências e expectativas "técnicas" e "humanas" – fixadas tanto pelo mundo exterior, como pelos próprios funcionários da empresa – são satisfeitas pelo desempenho global de uma empresa.

Capítulo 11

Qualidade Departamental

A qualidade dos serviços prestados pela empresa é resultado do desempenho de cada pessoa, mas, também, reflete os esforços coletivos do grupo. Sendo assim, a Qualidade da empresa só será atingida quando ela começar a trabalhar com os esforços conjuntos dos diferentes departamentos. No hotel, por exemplo, o hóspede só sentirá a qualidade, se os serviços prestados pelos departamentos de recepção forem tão bons quanto os da governança, ou o de A&B, ou ainda o de eventos. Se houver um único departamento sem Qualidade, ele irá prejudicar todo o conceito adquirido pelo hóspede a respeito do serviço prestado. Portanto, a base de qualquer programa de uma organização para o desenvolvimento da Qualidade é a Qualidade Departamental, que pode ser definida como o quanto um departamento como um todo satisfaz as exigências e expectativas técnicas e humanas dele mesmo e do mundo exterior.

O gerente do departamento, junto a sua equipe, deve definir quais são as metas de Qualidade para as funções, produtos e serviços do departamento. Estas metas devem ser atualizadas e revistas constantemente, e esta tarefa é responsabilidade de todos os seus membros. O mesmo se dá quanto a evitar erros e cumprir prazos.

Fatores de Qualidade Departamental, Indicador Departamental e Indicador de Valor são as três ferramentas que existem para o desenvolvimento da qualidade departamental.

1. Fatores da Qualidade Departamental – aqui os dirigentes devem responder a pergunta "Qual é o nosso negócio?" Eles precisam conhecer quais são os critérios e fatores decisivos para o sucesso da empresa. Esses fatores podem ser definidos como os fatores utilizados ao se julgar a qualidade do departamento pelo

mundo exterior e pelos próprios funcionários. O departamento está no caminho certo, quando os fatores da Qualidade são estabelecidos pelo chefe do departamento e são entendidos e aceitos por todos os seus membros.

2. Indicador Departamental/o termômetro da empresa – este indicador foi criado para ajudar a determinar a saúde de um departamento, a qualquer momento, agilizando o processo da gerência de identificar as áreas que necessitam de mudanças, ou as áreas onde deve ser efetuado um estudo mais detalhado das condições presentes.

O Indicador Departamental oferece um sistema eficaz de alerta prévio a um custo mínimo, economizando, assim, muito dinheiro para a empresa.

3. Indicador de Valor – é uma ferramenta usada para se avaliar se novas atividades devem ser continuadas ou melhoradas. Ela pode ser definida como sendo um estudo sistemático do processo do trabalho, para avaliar se o departamento esta fazendo as coisas certas e qual é a relação existente entre a entrada e saída.

> Quais são as vantagens?
> O que ganhamos com isso?
>
> Quais são as desvantagens?
> Quanto custa isso?

Fonte: O Lado Humano da Qualidade. Claus Moller.

O Indicador de Valor compensa, por isso deve ser usado. Quando se faz uma análise de valor de diferentes funções, produtos e atividades, quase sempre se indicam áreas que necessitam ser melhoradas. Para se obter informações básicas para a tomada de três tipos de decisões, tais como: se as funções, produtos e atividade existentes devem continuar, se elas podem ou devem ser melhoradas, ou se devem ser iniciadas novas, utiliza-se este indicador. E este indicador traz, ainda, benefícios para a organização, que são basicamente: eliminação ou redução de certos custos, melhor uso dos recursos (humano, tempo, dinheiro, maquinário, etc.) e Qualidade mais alta.

Todos os indivíduos e grupos da organização podem usar este indicador. Ele deve ser utilizado em intervalos regulares e sempre que o início de um grande projeto estiver sendo considerado. Todos na organização devem criar o hábito de examinar as razões para fazer aquilo que fazem.

Capítulo 12

Treinamento

"Consideramos o treinamento como um investimento, em vez de despesa."
"Se não prepararmos nosso pessoal bem, não teremos atendido a empresa."

As empresas precisam entender que existem bons motivos para investir em treinamento, como: dar às pessoas as capacidades necessárias para alcançar seus objetivos empresariais, garantir que a empresa e seu pessoal mantenham-se no ritmo da mudança, ensinar as competências básicas que muitos funcionários deveriam ter aprendido na escola e, evidentemente, atrair os funcionários que só irão onde poderão ficar atualizados nos seus respectivos ramos de trabalho.

Como já foi mencionada, a defasagem no mercado de trabalho, de mão-de-obra qualificada, é muito grande. A qualificação das pessoas depende do sistema educacional oferecido pelas instituições de ensino públicas e privadas, e do que as empresas fazem em prol da educação e do treinamento das pessoas/empregados, para transformá-los em profissionais capacitados. Mas, como a maioria das pessoas não possui no currículo os requisitos expressos na descrição do cargo, faz-se necessário incentivar todos os componentes que contribuem para agregar valor aos profissionais.

Através do aporte de conhecimento (educação), do desenvolvimento das habilidades (treinamento), da formação de bons hábitos e da clara definição das perspectivas, pode-se constatar que, na visão da Gerência pela Qualidade Total, é possível forjar profissionais capazes de dar uma resposta positiva, tanto aquelas que dizem respeito à sua realização pessoal, quanto à satisfação das necessidades e, também, aquelas referentes às empresas e à comunidade.

Com o treinamento, é possível diminuir a defasagem de habilidades. Os dirigentes devem estudar e analisar a empresa e seus funcionários para ver se é falta de treinamento, ou qual é o tipo de treinamento necessário.

Porém, os supervisores precisam atentar para o fato de que, em algumas situações, recebem a informação sobre uma necessidade de treinamento inexistente, ou seja, ele pode ser informado de que seu pessoal precisa de treinamento na área de relações com clientes, mas, uma análise mais profunda revela somente falta de motivação, ou que haja outros motivos para o desempenho insatisfatório, como falta de pessoal, de recursos essenciais, conflitos no grupo.

Através do processo formativo, Figura 1, as pessoas responsáveis pelo treinamento podem planejar diversas atividades ou cursos para fomentar cada um dos processos formativos que integram o processo.

Figura 1. Processo Formativo

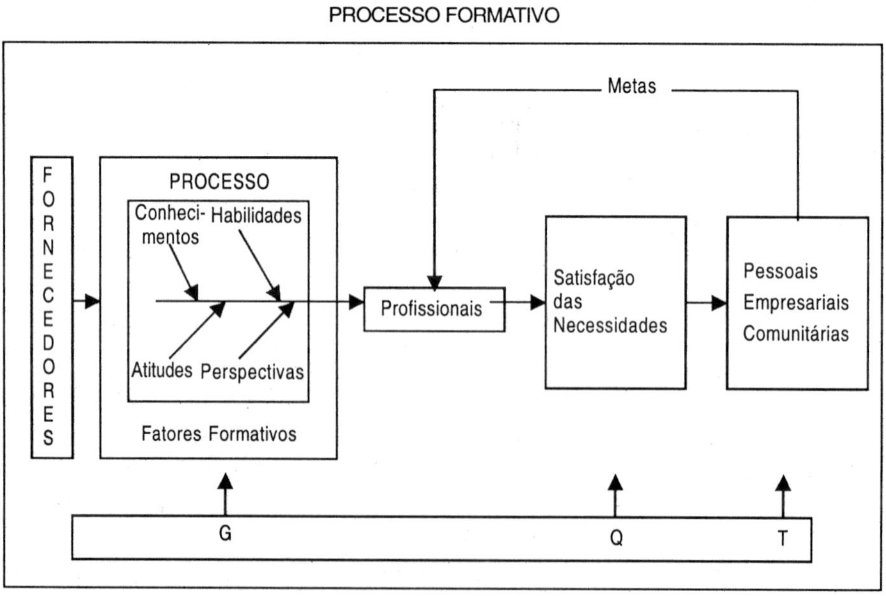

PROCESSO FORMATIVO

[Diagrama: FORNECEDORES → PROCESSO (Conhecimentos, Habilidades, Atitudes, Perspectivas — Fatores Formativos) → Profissionais → Satisfação das Necessidades → Pessoais, Empresariais, Comunitárias; Metas; G, Q, T]

Fonte: Administração Hoteleira. Geraldo Castelli.

Tudo começa com a educação que não termina nunca. O conhecimento pode ser adquirido através de livros, cursos, viagens, etc. A aquisição de conhecimento é um processo lento. Existem duas barreiras para este processo: o Potencial Mental, que corresponde à capacidade que a pessoa tem em aprender, ou seja, o quanto ela aprende por dia, pois ela só aprende uma quantidade de coisas por dia, o resto se perde, e a Motivação, que depende do estágio de satisfação em que a pessoa se encontra, perante suas necessidades básicas. Através das habilidades, é possível transformar o conhecimento em ação, ou seja, em produtos que venham ao encontro das necessidades humanas. Por isso, mais uma vez, se diz que as empresas prestadoras de serviços dependem fundamentalmente do elemento humano para a concretização do seu negócio, significando competitividade e um bom negócio, uma equipe altamente habilidosa em satisfazer as necessidades de sobrevivência das pessoas (capacidade para atingir metas). Portanto, as empresas devem cultivar sua equipe hoje e sempre. Perspectivas de crescimento pessoal e profissional das pessoas são o que todo processo de educação e treinamento deve conjecturar.

Uma vez identificada a necessidade de treinamento, é necessário fazer um cuidadoso planejamento. O processo de treinamento citado a seguir é uma fórmula confiável para treinar pessoas na área operacional. Constitui-se de quatro etapas:

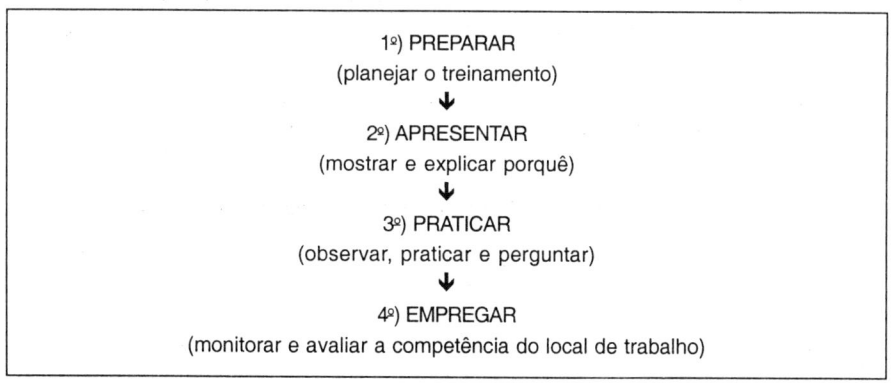

1º) PREPARAR
(planejar o treinamento)
↓
2º) APRESENTAR
(mostrar e explicar porquê)
↓
3º) PRATICAR
(observar, praticar e perguntar)
↓
4º) EMPREGAR
(monitorar e avaliar a competência do local de trabalho)

Fonte: Supervisão e Liderança em Turismo e Hotelaria. Lynn Van Der, Wagen e Christine Davies.
*Em anexo um exemplo de plano de treinamento.

1º **Preparar** – é preciso organizar uma série de elementos, incluindo a localização e os recursos necessários para a sessão de treinamento, antes de se iniciar o processo. É preciso refletir sobre a sessão de treinamento e adotar uma abordagem sistemática. É importante não deixar que informações vitais sejam esquecidas. Por isso, deve-se montar e planejar um programa de treinamento eficiente, enumerando etapas e informações essenciais para um treinamento abrangente;

2º **Apresentar** – é o processo de "mostrar e contar", é aqui que se mostra ao funcionário o que fazer, com coerência e devagar, ao mesmo tempo em se explica porque essas etapas são importantes. Muitos dirigentes concluem o treinamento neste ponto, esquecendo-se de que na prática – a próxima etapa – é a mais difícil;

3º **Praticar** – aqui os dirigentes ou os instrutores do treinamento já mostraram ao funcionário como realizar a tarefa, deixando-o inseguro para cumprí-la sozinho. Por isso, é importante que todos os instrutores avaliem se seus *trainees* estão confiantes para realizar a tarefa e observar seu progresso. O ato de fazer perguntas ajuda a testar o entendimento. Depois de realizar as tarefas e responder as perguntas, ambos, instrutor e *trainee*, podem estar certos de que o treinamento foi um sucesso. É essencial proporcionar um *feedback* positivo, a fim de encorajar o *trainee* durante a sessão prática. Depois de terminada esta sessão, o funcionário pode começar a trabalhar;

4º **Empregar** – em tarefas que a rapidez é importante, o aprendizado se dá através da repetição e se desenvolve com o tempo. O plano de treinamento deve levar isto em consideração, enumerando pontos de observação e perguntas a serem feitas depois que o *trainee* executou a tarefa várias vezes. Só assim o dirigente e o instrutor poderão observar se o treinamento foi eficiente a longo prazo, e se o aluno é competente. Aqui, avalia-se se o treinamento realmente teve êxito. Avalia-se o desempenho no local de trabalho.

Avaliação do aprendizado e desempenho no local de trabalho

```
                PREPARAR
                   ↓
               APRESENTAR
                   ↓
                PRATICAR
                   ↓
                EMPREGAR
                  ↓↓↓
          COMPETÊNCIA ATINGIDA
```

LEGENDA: *Treinamento*
Aprendizado
Avaliação

Na hotelaria, os "padrões de competência" formam a base para o treinamento e a avaliação. Ao se fazer uma avaliação de acordo com esses padrões, pode-se fazer algumas perguntas, a fim de se certificar se os princípios de avaliação mais importantes foram seguidos:

Validade – aqui, se verifica se a tarefa de avaliação reflete o desempenho descrito nos padrões de competência (Mediu o que deveria?);

Confiabilidade – o importante é saber se o resultado da avaliação seria o mesmo se fosse feito em outra ocasião, por outro avaliador. A fim de assegurar a confiabilidade, o avaliador deve desenvolver uma lista de verificação, com os pontos de observação e as perguntas do treinamento (Produziu resultados coerentes?);

Suficiência – o que se discute aqui é se o avaliador tem fatos em números suficientes para tomar uma decisão (Provas suficientes para tomar uma decisão?);

Flexibilidade – para se avaliar as habilidades das pessoas no local de trabalho, é importante que se faça no contexto das atividades normais do departamento (Para atender necessidades do indivíduo e do local de trabalho);

Autenticidade e Atualidade – as perguntas finais a serem feitas relacionam-se à atualidade das habilidades e dos conhecimentos da pessoa, e à autoridade de seus documentos autênticos, especialmente sobre provas escritas (Avaliou o trabalho da própria pessoa).

Perguntas para verificar a avaliação

```
        Válida?                          Confiável?
                    
                    Avaliação
                    
    Suficiente?     Flexível?        Autêntica?
```

Fonte: Supervisão e Liderança em Turismo e Hotelaria. Lynn Van Der, Wagen e Christine Davies.

Para se educar e treinar os funcionários, é necessário que as pessoas que ocupam os cargos de mando mudem seus papéis de supervisores para os de facilitadores, cuja função é desenvolver as pessoas e suas habilidades, tornando-as capazes de realizar, por si próprias, processos adicionais de valor. Isto quer dizer que é preciso treinar as pessoas nos próprios postos de trabalho, *"On the Job Training – OJT"*. Esta sistemática tem dado ótimos resultados na prática. Mas para que isto ocorra, é preciso treinar e educar todos aqueles que ocupam cargo de mando. Existe, também, o desenvolvimento das pessoas fora do local de trabalho *"Off the Job Training – OFF-JT"* – cabe ao departamento de treinamento identificar as necessidades e estruturar os cursos pertinentes.

É importante que as empresas desenvolvam programas participativos, onde os empregados possam fazer uso da sua inteligência, além da sua força física, para participar na administração da empresa. Assim, eles passam a trabalhar e pensar, não se prendendo apenas ao cumprimento das normas.

SISTEMA DE AVALIAÇÃO DO SETOR HOTELEIRO

O sistema usado é o Access. Ele é australiano, e consiste em licenciar avaliadores que conduzam avaliações nas empresas de várias unidades dos padrões de competência. Padrões esses que formam a base de grande parte do treinamento aplicado no setor hoteleiro e educacional, tornando os resultados de treinamento transferíveis – de um provedor de treinamento a outro e de um empregador a outro. Muitos outros setores, que estão se empenhando em poder transferir os resultados de treinamento e avaliação, podem se espelhar no setor hoteleiro, que serve de modelo.

Uma das empresas que mais investem em treinamento no País é o McDonald's, que aplica, em média, para esse fim, R$ 20 milhões ao ano. O treinamento tem início no momento em que o funcionário pisa pela primeira vez no restaurante, e o acompanha durante toda a sua carreira na empresa. O processo de formação é constante, e vai do atendente aos cargos mais altos. Cada funcionário passa por pelo menos 30 horas de treinamento antes de iniciar o atendimento ao público.

Capítulo 13

Motivação

A motivação é o que induz as pessoas a agirem. Ao estudá-la, não se pode deixar de considerar que ela envolve opiniões diferentes e individuais. Diferentes membros da equipe sentir-se-ão motivados por fatores distintos. Por isso, é importante compreender a opinião das pessoas sobre a validade de esforçar-se para atingir uma meta.

Para que a administração seja eficiente, é obrigatório que supervisores e gerentes desenvolvam uma filosofia pessoal, que fundamente a maneira com a qual gerenciam seu pessoal. Os funcionários precisam estar motivados para seguir procedimentos, e esta motivação pode ser feita de forma positiva ou negativa, com recompensas ou com ameaças, respectivamente. Ambos os métodos podem ser usados por um mesmo líder e ambos podem ser eficientes.

Quando um funcionário realiza o trabalho de forma incorreta e vagarosa, é porque ele perdeu o interesse pelo trabalho, e isto é um dos vários sintomas de falta de motivação. Porém, essa ineficiência também pode ser resultado de local de trabalho inadequado, tarefas repetitivas, falta de disciplina, falta de treinamento, conflitos interpessoais, problemas pessoais, cansaço, e assim por diante. Alguns destes fatores podem ser associados à motivação, mas outros nada tem a ver com ela, como o trabalho repetitivo.

É de extrema importância que os dirigentes procurem formas de motivar seus funcionários e de liderá-los.

Uma pergunta que esta girando na área de gestão é: *o que motiva as pessoas a se empenharem em seu trabalho?* Naturalmente, se as pessoas querem trabalhar, trabalharão melhor se estiverem motivadas. Por isso, os gerentes têm bons motivos para se interessar pelas teorias da motivação. Mas, a conexão entre motivação e desempenho no trabalho não é diretamente ligada como parece.

Não é fácil manter a motivação, e também não é fácil fazer com que as pessoas queiram fazer o que os dirigentes querem que elas façam. A disposição da pessoa de fazer o trabalho é o que se refere à motivação no trabalho.

13.1 Teorias de Motivação

Há dois tipos de teoria de motivação: (1) Teorias de Conteúdo, que procuram entender *o que* as pessoas querem, necessitam ou desejam, e as (2) Teorias de Processo, que procuram entender *como* as necessidades e os desejos das pessoas afetam seu comportamento.

13.1.1 Teoria de Conteúdo

13.1.1.1 Taylor

As leis da motivação, que são aplicáveis a grande maioria dos homens, são de grande valia como manual de orientação para se lidar com pessoas, quando claramente definidas.

O princípio do pensamento de Taylor era separar a concepção da execução. Gerentes pensavam, e os trabalhadores trabalhavam. Taylor acreditava que as pessoas tinham necessidades relativamente simples no trabalho, e que podiam ser incentivadas a trabalhar com recompensas, também relativamente simples, particularmente dinheiro.

Douglas McGregor descreveu, embasado nas crenças sobre a natureza humana do taylorismo, a "Teoria X" da administração:

1. O cidadão médio é indolente por natureza – ele trabalha o mínimo possível;
2. Ele carece de ambição, não gosta de responsabilidade e prefere ser dirigido;
3. Ele é naturalmente centrado no eu, sendo indiferente às necessidades organizacionais;
4. Ele é por natureza resistente a mudanças;
5. Ele é crédulo, não muito inteligente, vítima fácil de charlatões e demagogos.

McGregor mantinha seu foco na forma pela qual os gerentes achavam que seu pessoal era motivado. Ele não estava afirmando que as pessoas agiam como a Teoria X, mas, sim, que os gerentes agiam como se fosse. O que faz com que essa teoria seja estudada até hoje é que essa idéia ainda permeia o pensamento administrativo. Um bom exemplo disto é o McDonald's que, como a Ford, "rotiniza" o trabalho de suas equipes de tal forma que as tarefas quase se tornam robotizadas.

Se os gerentes tratam os trabalhadores como robôs, eles tendem a se ver comportando-se como robôs, ainda que isto não signifique um benefício para a empresa, aplicando rigorosamente as regras sem pensar, ou fazendo o que devem fazer para ser recompensados ou para evitar punições.

A teoria taylorista sofre críticas em diversos aspectos. Pode-se afirmar que supersimplificou e distorceu a natureza e a motivação humanas. Ela não conseguiu reconhecer as outras necessidades, sociais e psicológicas, que as pessoas procuram satisfazer no trabalho.

13.1.1.1.2 Mayo, Maslow, McGregor e Herzberg

Os pensadores humanistas e neo-humanistas foram contra a premissa de Taylor de que as pessoas podiam ser tratadas como robôs, e argumentaram que, para entender as organizações, era preciso entender a natureza dos seres humanos, seus sentimentos, desejos e aspirações. Eles também eram otimistas em relação às oportunidades que as empresas podiam oferecer aos seus funcionários, para que eles crescessem como pessoas e se realizassem por meio do trabalho.

Os "Estudos de Hawthorne", de Elton Mayo, destacaram de que forma os relacionamentos dentro do grupo de trabalho e o relacionamento entre supervisor e grupo de trabalho afetam o comportamento no trabalho. Para ele, os funcionários são motivados pela "lógica do sentimento" e os gerentes pela "lógica do custo e da eficiência". Os funcionários não se preocupam se a empresa está tendo lucro ou não, e, sim, se estão bem com os colegas e com seu supervisor, e se estão sendo bem tratados e valorizados.

Na Teoria da Motivação, de Abraham Maslow, a preocupação era com o potencial humano e no tipo de sociedade e organização de trabalho que permite aos seres humanos alcançar seu pleno potencial.

Maslow identificou uma hierarquia de cinco necessidades básicas, que são compartilhadas por todos os seres humanos:

1. *Necessidades Fisiológicas* – resumem-se, essencialmente, a alimento e repouso;
2. *Necessidades de segurança* – resumem-se a estar protegido do perigo e de acidentes (Previsibilidade);

3. *Necessidades sociais e de amor* – resume-se a família e amigos. Sentir que faz parte de um grupo e que é estimado e valorizado pelos outros;
4. *Necessidades de estima e prestígio* – ser respeitado pelos outros e ter a si próprio em alta conta;
5. *Necessidades de auto-realização* – um homem deve ser o que ele pode ser (Figura 2).

Para Maslow as pessoas não são motivadas pelas necessidades satisfeitas. Uma vez satisfeitas as necessidades, elas passam para a necessidade seguinte, na hierarquia. Por exemplo, uma vez satisfeitas as necessidades fisiológicas, as pessoas vão partir para as necessidades de segurança, e assim por diante. A necessidade de auto-realização é a única que não pode ser totalmente satisfeita, pois quanto mais uma pessoa tem, mais ela quer ter.

Fazendo uma relação entre a Teoria de Maslow com a situação de trabalho, nota-se que é possível satisfazer as necessidades fisiológicas com salário/remuneração, condições de trabalhos adequadas, intervalos suficientes para refeições e descanso. As necessidades de segurança são satisfeitas com um ambiente de trabalho seguro, com segurança no emprego, além de planos de saúde e aposentadoria. Já as necessidades sociais são satisfeitas quando se tem um grupo de trabalho compatível, um supervisor amistoso, oportunidades de socialização, atividades esportivas e sociais, entretenimento, festas, jantares. As necessidades de estima e prestígio são satisfeitas quando se obtém um cargo respeitado, sala de trabalho, carro da companhia, feedback e elogio por um bom trabalho, um trabalho desafiador e importante, assim como recompensas ligadas a êxito (funcionário do mês, prêmio monetário por mérito). E, finalmente, as necessidades de auto-realização são satisfeitas com um trabalho desafiador e interessante, que se torne uma forma de auto-expressão e seja uma parte importante da vida.

As Teorias de Maslow são estudadas até hoje porque são uma forma útil de classificar as necessidades que as pessoas procuram satisfazer por meio do trabalho, e porque incentivaram os estudos de Herzberg, McGregor e Argyris, levando-os a alegar que a maneira de motivar pessoas no trabalho é dando-lhes tarefas desafiadoras e exigentes. Mas, essa teoria também tem suas limitações. É mais seguro dizer que antes que, as necessidades de mais alta ordem venham a influenciar seu comportamento, existe uma hierarquia de dois níveis, e que as pessoas precisam ter amplamente, completamente satisfeitas suas necessidades de mais baixa ordem (necessidades de sobrevivência e segurança).

A motivação humana é mais complexa e diversa do que esse tipo de teoria geral reconhece. Existem também os fatores sociais e culturais que interferem na motivação. Taylor não levou isto em consideração, como também não levou em consideração que o que motiva as pessoas hoje, pode não motivá-las amanhã ou no ano que vem.

Enfim, para saber em que categorias de motivação se deve pensar na hora de elaborar um sistema de motivação para funcionários, é útil a utilização da hierarquia de Maslow.

Douglas McGregor popularizou as idéias de Maslow através da Teoria Y, que diz respeito a forma como as pessoas são motivadas. Esta teoria contrasta com a Teoria X, que foi baseada nas idéias tayloristas.

Teoria Y – na visão da administração:
1. O dispêndio de esforço físico e mental no trabalho é tão natural quanto brincar ou descansar. Os seres humanos não desgostam do trabalho de forma inerente;
2. Controle externo e ameaça de punição não são as únicas formas de induzir esforço em prol dos objetivos organizacionais. As pessoas exercerão a autodireção e o autocontrole se estiverem realmente comprometidas com aquilo que estão fazendo;
3. Compromisso com objetivos vem em função da recompensa associada à consecução desses objetivos. A auto-realização pode ser uma recompensa pelo trabalho;
4. O ser humano médio aprende, com o tempo, a não apenas aceitar, como, também, a buscar responsabilidades;
5. A capacidade de exercitar um grau relativamente alto de imaginação, engenhosidade e criatividade, na solução de problemas organizacionais, está presente na população de forma ampla, não limitada;
6. Na vida organizacional moderna, o potencial do ser humano médio é subutilizado.

Esta teoria adota uma visão otimista das capacidades humanas. Dados condições e um ambiente correto, as pessoas são capazes de muito mais criatividade e engenhosidade do que imaginamos. Se as pessoas não se comportam bem, é porque elas são tratadas mal.

Frederick Herzberg desenvolveu a Teoria Motivador-Higiene, que foi baseada em uma pesquisa empírica com 200 engenheiros, em

Pittsburgh, no final dos anos 50. Ele, assim como Maslow, fez uma ampla distinção entre os níveis mais baixos e os mais altos de necessidades. Nesta teoria, fica claro que os fatores que levaram as pessoas a se sentirem insatisfeitas com seu trabalho não são os mesmos que levam a se sentirem satisfeitas. A insatisfação está associada a fatores de higiene. A satisfação requer a presença de motivadores, ou seja, os níveis mais altos de necessidade de estima e auto-realização de Maslow. Se os fatores de higiene forem bons, as pessoas ficarão satisfeitas, Figura 2.

Este trabalho trouxe algumas contribuições para o estudo sobre a motivação: os fatores que motivam as pessoas no trabalho podem ser intrínsecos – características do trabalho em si (interessante, exigente) e extrínsecos – referem-se ao contexto do trabalho (ambiente físico, relacionamento com colegas e chefia, salários, benefícios). É capaz de se aumentar a motivação através do aumento do interesse intrínseco. Porém, esta não é a única maneira de se aumentar a motivação e ela também não funcionará com todos os funcionários, ou o tempo todo.

Figura 2. A hierarquia de necessidades de Maslow x A teoria de dois fatores de Herzberg

Hierarquia das necessidades de Maslow:

Teoria de dois fatores de Herzberg:
- Necessidades de Realização Pessoal
- Necessidades de Estima

Motiva e causa satisfação

Fatores de higiene:
- Necessidades Sociais
- Necessidades de Segurança
- Necessidades Fisiológicas

Só se não existirem causam desmotivação

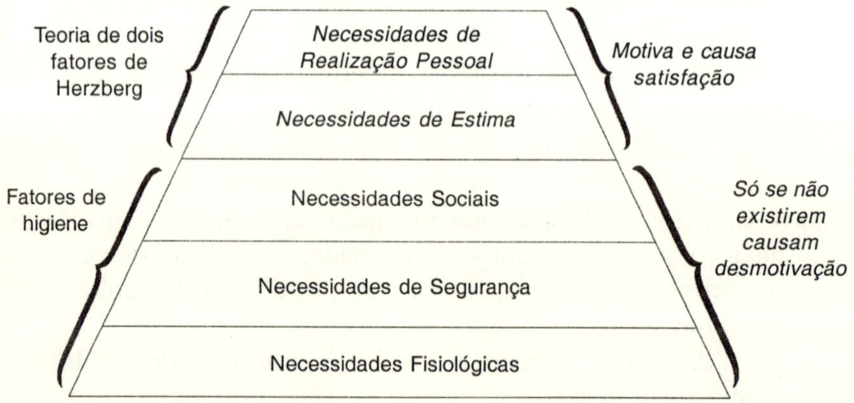

Fonte: Supervisão e Liderança em Turismo e Hotelaria. Lynn Van Der, Wagen e Christine Davies.

Herzberg fez uma grande contribuição, ao mostrar que se não houver reformulação nos cargos e valorização efetiva das pessoas que os ocupam, pouco adianta criar boas políticas higiênicas ou de manutenção. Assim, ele propõe um processo conhecido como enriquecimento das funções.

13.1.2 Teorias de Processo

13.1.2.1 Teoria da Expectativa

Esta teoria foi desenvolvida por Victor Vroom, nos anos 60. De acordo com a Teoria da Expectativa, o trabalhador sentir-se-á motivado se, primeiramente, esperar ser capaz de atingir a meta estabelecida pela gerência. Esta é a primeira etapa, pois a pessoa se sentirá desmotivada a tentar se não possuir as habilidades ou o treinamento necessários, ou se houver outros obstáculos. Assim, ela não alcançará o objetivo, por considerá-lo inatingível.

Por seguinte, é preciso que o funcionário sinta confiança, tenha certeza de que vai receber a tal folga, ou o aumento salarial prometido. Enquanto a primeira etapa se refere ao empenho, a segunda se refere à confiança, Figura 3. As expectativas de que os resultados positivos sejam levados através das metas de desempenho realizar-se-ão através do esforço.

Figura 3. A teoria da expectativa

Motivação = ((esforço → *(gera)* desempenho) (desempenho → *(gera)* resultados positivos))
ETAPA 1 ETAPA 2

Fonte: Supervisão e Liderança em Turismo e Hotelaria. WAGEN, Lynn Van Der e DAVIES, Christine.

Esta teoria trata as pessoas como indivíduos, onde uma situação pode ser encarada de diferentes modos de pensar, através de suas expectativas, e em relação às formas com que podem se sentir motivadas.

Aqui, busca-se uma resposta à pergunta: "o que leva uma pessoa a se empenhar no trabalho?". A resposta é óbvia: as pessoas se empenham no trabalho porque esperam certos resultados desejáveis do empenho no trabalho. Estes resultados podem ser intrínsecos (ficando satisfeita porque resolveu um problema difícil) ou extrínsecos (através de recompensas oferecidas por outras pessoas, o chefe promoverá, receberá uma gorjeta maior de um cliente). O empenho, portanto, é influenciado pelas expectativas com relação aos resultados de trabalhar com afinco. Pressupõe que os seres humanos examinam os prováveis resultados de suas ações e pesam a atratividade das várias alternativas, por serem criaturas calculistas.

Algumas dicas para os dirigentes que pretendem motivar seu pessoal: é preciso motivar uma pessoa pela oferta de uma recompensa que ela valoriza. A pessoa só ficará motivada por uma recompensa se acreditar que existe uma forte relação entre trabalhar com afinco e ganhar a recompensa, importando as percepções que o indivíduo tem da relação entre seu esforço e a recompensa. E atentar para o fato de que não se pode presumir que todo o pessoal vai, necessariamente, valorizar a mesma recompensa da mesma maneira.

A Teoria da Expectativa procura explicar por que as pessoas podem ou não se empenhar no trabalho, e também procura explorar a relação entre esforço, desempenho no trabalho e satisfação com o emprego.

O esforço no trabalho nem sempre é recompensado, e sua falta nem sempre significa que o trabalho pode ser feito de uma forma mais adequada. Juntamente com o esforço, existem outros fatores que afetam o desempenho no trabalho, que são: *competência* (se a pessoa tem as habilidades e o conhecimento necessário para realizar tal tarefa), *recursos* (se existem equipamentos, materiais e suportes para executar a tarefa) e *clareza dos objetivos* (se a pessoa entende o que se espera dela).

Nesta teoria, a satisfação no trabalho é tida como um resultado final. Tais resultados podem ser intrínsecos (orgulho pelo trabalho realizado, por ter sido entregue em tempo...) ou extrínsecos (notas e comentários recebidos por colegas e dirigentes). O nível de satisfação de uma pessoa reflete os sentimentos dela em relação a esses resultados. A definição de satisfação no trabalho é representada como um estado emocional positivo, agradável, resultante das experiências e da apreciação do trabalho da pessoa. Outro modo de pensar sobre a satisfação no trabalho é associando o que a empresa exige e oferece a seus funcionários com aquilo que os funcionários buscam na empresa, analisando se estes fatores são compatíveis ou não. Esta analise é feita a partir de uma série de dimensões (o trabalho em si, remuneração e recompensas, relacionamento sociais, supervisão, oportunidades de promoção), tornando-se, assim, o conceito de satisfação no trabalho multidimensional.

As razões pelas quais a organização se beneficia de uma força de trabalho que aprecia seus empregos são várias, como, por exemplo: a rotatividade e o absenteísmo tendem a ser menores quando a satisfação com o emprego é alta. É importante salientar que existe uma correlação relativamente pequena entre desempenho no trabalho e satisfação no trabalho, ou seja, não necessariamente os melhores trabalhadores podem estar mais satisfeitos com seus empregos, e os piores trabalhadores podem gostar de seu trabalho. São vários os motivos para isso:

- Uma pessoa pode receber por uma manhã inteira de trabalho, mesmo não tendo feito nada, a não ser ficar batendo papo ao telefone, em sua mesa, ou seja, as recompensas do trabalho não estão sempre ligadas ao desempenho no trabalho;
- Os sentimentos de satisfação das pessoas estão ligados não à realidade, mas às crenças que elas tem em relação ao seu desempenho no trabalho. As pessoas nem sempre sabem qual é o nível de Qualidade de seu trabalho, como, por exemplo, uma cozinheira que acha que trabalha bem por nunca ter ouvido uma reclamação de um freguês, sem saber o que este fala dela por trás;
- Num restaurante, existe um garçom que dá pouco de si para o trabalho e espera receber pouco, de modo que suas expectativas sejam satisfeitas, porém, se no mesmo restaurante existe um garçom que dá muito de si para o trabalho e, no final do mês, espera receber o mesmo tanto que o garçom anterior, ele se sentirá menos satisfeito com a empresa, ou seja, as pessoas podem não sentir que estão sendo adequadamente recompensadas por seu esforço no trabalho. Muitas empresas deixam de dar mais responsabilidades para o funcionário insolente, por saber que ele não as cumprirá direito, aumentando, assim, as responsabilidades do bom funcionário, punindo as pessoas que têm dado mais de si.

Existe uma outra teoria, criada por Adams, que procura identificar como as percepções de justiça afetam a motivação e a satisfação no trabalho: a Teoria da Eqüidade.

A Teoria da Eqüidade sugere que as pessoas comparam suas recompensas com as de outras pessoas. Um bom funcionário comparará suas recompensas e suas contribuições com as recompensas e contribuições de um funcionário menos dedicado.

As percepções de eqüidade das pessoas afetam tanto sua satisfação com o trabalho (sentido-se satisfeitas quando recompensadas pelos seus trabalhos), como o esforço que dedicam a ele. Esta teoria deduz que as pessoas são motivadas a corrigir suas percepções tanto quando são sub-recompensadas, como quando são super-recompensadas. Porém, as pessoas nem sempre se empenharão mais no trabalho por se sentirem super-recompensadas; elas podem encontrar formas mais convenientes de encontrar o equilíbrio, como, por exemplo, mudando suas próprias percepções em relação às próprias contribuições ou comparando-se com pessoas mais bem remuneradas.

Os dirigentes podem se utilizar dessas duas teorias, a da expectativa e da eqüidade, para motivar seu pessoal. O principal é que eles motivem seus funcionários a se *esforçarem em seu trabalho,* e que este esforço se transforme em *bom desempenho,* que leve a recompensas valorizadas e eqüitativas e, assim, *à satisfação no emprego.*

Como dica, pode-se dizer que os gerentes precisam, primeiramente, estimular os funcionários a se esforçarem. Como? Assegurando-se de que estão sendo oferecidas recompensas que os funcionários valorizam, como, também, assegurando-se de que os funcionários percebam uma relação entre esforçar-se no trabalho e receber mais recompensas que eles valorizam. Posteriormente, é preciso garantir que o esforço se traduza em bom desempenho. Assegurando-se, assim, de que os funcionários entendam o que se espera deles, que eles tenham as habilidades, o treinamento, os recursos e o apoio que lhes possibilitará fazer um bom trabalho e, também, que recebam um feedback sobre seu desempenho. Para, finalmente, garantir que o desempenho no trabalho resulte em satisfação, os gerentes precisam assegurar-se de que os funcionários sejam recompensados pelo bom trabalho e que sintam que estão sendo recompensados apropriadamente.

O que parece simples não é, pois os dirigentes, para conseguirem bons resultados, terão que avaliar toda uma gama de práticas de recursos humanos, de sistemas de remuneração e descrição de cargos a seleção, treinamento de pessoal e levantamento e avaliação de desempenho. Em suma, as teorias motivacionais segundo a abordagem de conteúdo, enfatiza as necessidades internas das pessoas, e a abordagem de processos, corresponde a uma visão mais dinâmica dos aspectos cognitivos que influenciam o comportamento.

Essas teorias de processo sobre a motivação são mais universais que as teorias de conteúdo, por suas premissas se concentrarem em *como* as necessidades e desejos afetam o comportamento das pessoas, e não *no que motiva* as pessoas. Em qualquer cultura, com a aplicação de práticas de definição de objetivos, feedback relativo a desempenho e recompensas valorizadas, o desempenho de funcionários no trabalho melhorará. Sua aplicabilidade é pancultural, pois os princípios psicológicos da motivação no trabalho incorporados nessas práticas são universalmente válidos. Todavia, de cultura para cultura, a forma de implementação desses princípios terá de variar.

13.1.2.2 Dinheiro e motivação

"Dinheiro? Não basta termos para pagar o aluguel, a comida e o cinema: queremos a piscina olímpica e uma temporada num spa cinco estrelas."
Mário Quitanda

Na sociedade moderna é válido sugerir que o comportamento é afetado pela promessa de dinheiro. O problema é que as conseqüências do uso do dinheiro como incentivo podem ser tanto positivas quanto negativas. As pessoas valorizam o dinheiro não somente porque lhes possibilita comprar os artigos de primeira necessidade, mas porque lhes ajuda a satisfazer as necessidades de estima. A remuneração que as pessoas recebem pode ser vistas como prova de seus valores e status.

Baseando-se na Teoria da Expectativa, pode-se dizer que o dinheiro é umas das recompensas valorizadas pelos funcionários. Mas, não se pode dizer que isto gere maior esforço no trabalho quando a remuneração está vinculada ao desempenho, pois dependerá dos outros resultados esperados como conseqüência do esforço. Quando se tem um recompensa vinculada ao desempenho, o comportamento pode ser distorcido, uma vez que as pessoas, em detrimento de outros aspectos de seu trabalho, ficam motivadas a adotar comportamentos que vão trazer-lhes uma recompensa financeira extra. As pessoas, para procurarem meios de receber as recompensas desejadas, podem ser muito criativas. E esta criatividade nem sempre é usada a favor da forma pretendida por quem criou o sistema de recompensa.

13.2 Teorias do Comportamento

As reações comportamentais das pessoas podem levar a resultados positivos e negativos que, por sua vez, influenciam o comportamento futuro. Os estudiosos afirmam que o comportamento é influenciado por um ou mais dos seguintes resultados:

- *Reforço positivo* – quando algo positivo acontece, a pessoa será recompensada e o seu comportamento reforçado. Ao ocorrer mais de uma vez, o comportamento fica arraigado e a pessoa sente-se motivada a mantê-lo, mesmo não havendo recompensas. Por exemplo, quando na organização o esforço é reconhecido e recompensado, os funcionários se sentiram motivados e produtivos, exercendo um efeito que se estende até o cliente. As formas de se realizar um reforço positivo são inúmeras, como: dar atenção, elogios, escolha de turnos, entrar mais tarde, sair mais cedo, bônus, prêmios e recompensas, treinamento e promoção;

- *Punição* – quando algo dá errado e a pessoa responsável é criticada, a Qualidade de seu comportamento irá declinar, deixando a pessoa desmotivada, exercendo um efeito que se propagará a outros tipos de comportamento;
- *Extinção* – isso ocorre quando um esforço passa desapercebido, ou seja, quando um comportamento não vem seguido de um resultado, ele não será repetido;
- *Reforço negativo* – o comportamento que evita um resultado negativo aumenta, conhecido como *comportamento evitativo*. Um bom exemplo: se um garçom descobrir que pode dormir em um dos cantos da dispensa por uma hora e ainda consegue cumprir suas tarefas, seu comportamento seria positivamente reforçado. O risco de ser punido (apanhado e demitido) pode não ser visto como sério o bastante para neutralizar o resultado positivo. Se, por outro lado, o supervisor aparecesse inesperadamente para fiscalizar o trabalho dos garçons, os funcionários talvez aumentassem o ritmo de trabalho para evitar uma conseqüência negativa e isso seria um reforço negativo. Contudo, se os garçons forem pagos de acordo com o número de mesas e utensílios limpos e organizados (adequadamente), isso seria um reforço positivo para o trabalho duro.

13.2.1 Teoria Pessoal da Motivação

É preciso dispor de um plano para abordar a questão da Motivação ao exercer uma função, quando se é responsável por outras pessoas. Existe um Mapa onde os dirigentes desenvolvem suas próprias idéias sobre o tema, e à medida que suas experiências vão aumentando, eles vão tendo que rever seus pontos de vista. É chamado de Mapa Mental, Figura 4. Sendo este mapa um bom ponto de partida para uma teoria pessoal de motivação, deve ser testado e aperfeiçoado ao longo do tempo.

Figura 4. Mapa Mental – uma teoria pessoal de motivação

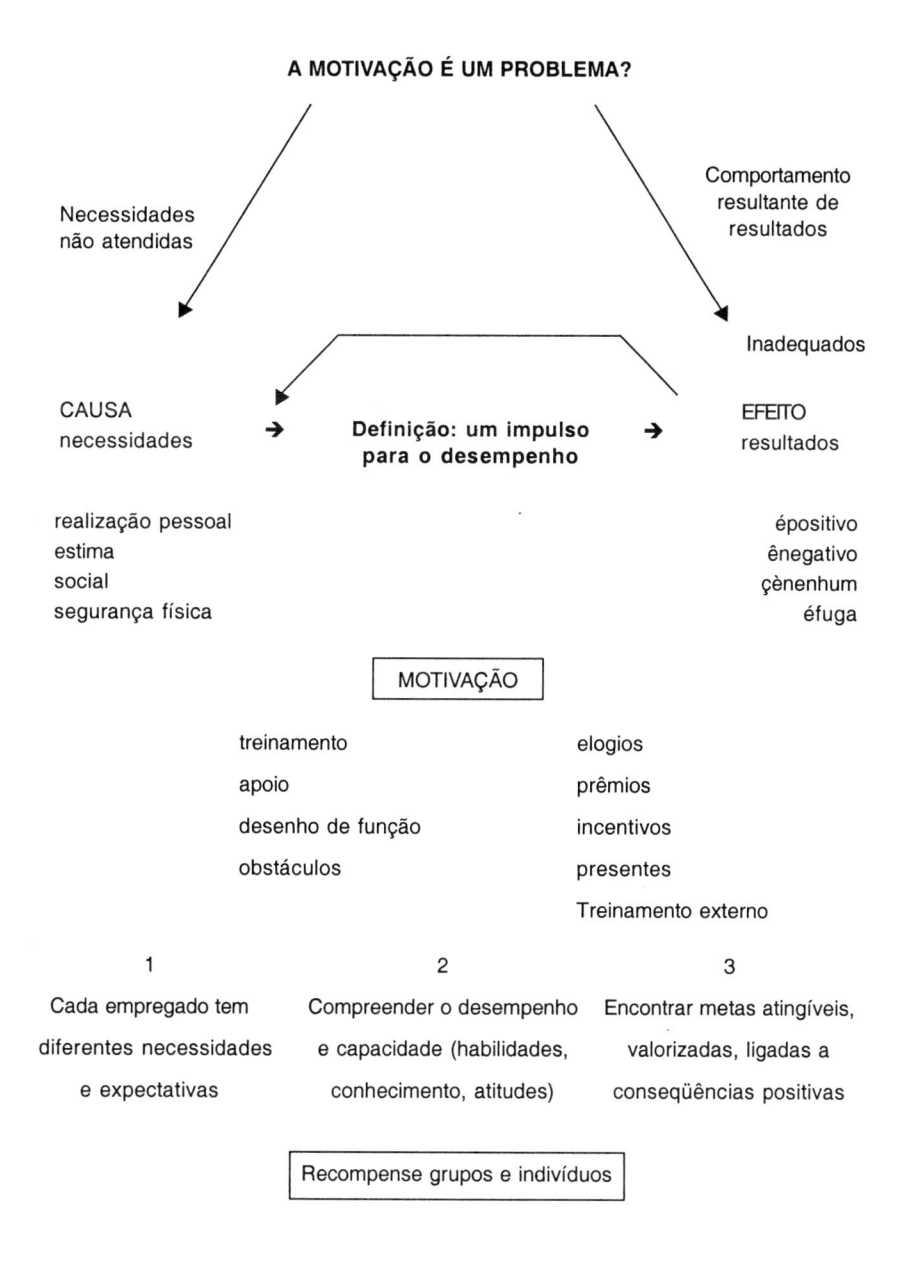

A MOTIVAÇÃO É UM PROBLEMA?

Necessidades não atendidas

Comportamento resultante de resultados

Inadequados

CAUSA
necessidades → **Definição: um impulso para o desempenho** → EFEITO
resultados

realização pessoal
estima
social
segurança física

épositivo
ênegativo
çènenhum
éfuga

MOTIVAÇÃO

treinamento   elogios
apoio   prêmios
desenho de função   incentivos
obstáculos   presentes
                    Treinamento externo

1	2	3
Cada empregado tem diferentes necessidades e expectativas	Compreender o desempenho e capacidade (habilidades, conhecimento, atitudes)	Encontrar metas atingíveis, valorizadas, ligadas a conseqüências positivas

Recompense grupos e indivíduos

Capítulo 14

Empregador de Escolha

Outro fator importante para as empresas prestadoras de serviço é a imagem que ela tem, tanto para os clientes, como para o pessoal por de trás de toda a sua marca, ou seja, os dirigentes e funcionários. Quando uma empresa é uma empregadora de escolha, ou seja, as pessoas buscam-na e sonham em trabalhar nela, ela obtém uma vantagem em relação às demais, pois se estes funcionários perceberem que a empresa é bem parecida com o que eles imaginaram, sua lealdade e dedicação à empresa serão maior.

Hoje em dia, ser uma empregadora de escolha é um status invejável. Porém, para conseguir tal feito, é importante que as empresas tratem seus funcionários como membros da família e com respeito, com uma atitude e filosofia de atenção e carinho. Quando as empresas conseguem isso, elas se tornam líderes extremamente bem-sucedidas no mercado, sempre incorporando esse sucesso investindo tempo e dinheiro no seu pessoal.

As empresas conseguem dizer, ao seu pessoal, por meio de suas ações, que elas querem criar um ambiente que atraia as pessoas, que faça com que elas desejem ficar, o que ocorre quando se cria uma *cultura de compromisso*. Para tanto, elas precisam:

- Considerar os funcionários como parceiros;
- Reconhecer as necessidades humanas de todos os funcionários;
- Investir nas pessoas como a principal fonte de vantagem competitiva;
- Comunicar de forma clara a missão, a visão, a estratégia, as metas e os objetivos corporativos;
- Comprometer-se com uma estratégia de longo prazo e com as pessoas necessárias para executá-la;

- Ter estilos de gerência e sistema de recompensas que apóiem a missão e a estratégia;
- Concentrar-se em "gerenciar o contrato de desempenho", não em controlar as pessoas;
- Valorizar o envolvimento de funcionários em novas idéias e inovações;
- Concentrar-se nos resultados, não em quem recebe o crédito;
- Confiar nos funcionários o suficiente para debater;
- Tolerar "erros inteligentes" e a experimentação.

Isto resultará em mão-de-obra comprometida, inovadora, confiante e de alto desempenho, e na consecução da missão da empresa, além da vantagem competitiva duradoura.

É preciso que as empresas criem tanto valor para os clientes, que sobre bastante para ser dado aos funcionários e investidores. Esta estratégia funciona, com tempo e paciência, da seguinte forma: primeiramente, é preciso fornecer uma proposição de valor superior para os clientes mais lucrativos e mais leais (potencialmente), levando ao crescimento que atrai e mantém os melhores funcionários, que se orgulham em fornecer valor superior aos clientes. Assim, os clientes de longo prazo são mais conhecidos pelos funcionários de longo prazo, que, por sua vez, aprendem como fornecer ainda mais valor, reforçando a lealdade mútua, gerando, assim, a "proposição de valor", que é ainda mais enriquecida por reduções de custos e melhorias de qualidade de funcionários de mais longo prazo, permitindo que a empresa financie remuneração superior, além de ferramentas e treinamentos melhores. Isto ocasiona a produtividade crescente, juntamente com maior eficiência no trato com clientes leais, gerando o tipo de vantagem de custo que é muito difícil se ser alcançada pelos concorrentes. Criam-se maiores vantagens de custos sustentáveis e clientes leais, que geram o tipo de lucro que atrai os investidores. Finalizando, com os investidores leais que se comportam como parceiros, estabilizando o sistema, diminuindo o custo de capital e garantindo que o dinheiro seja colocado novamente no negócio, melhora-se ainda mais o potencial de criação de valor da empresa.

As culturas de compromisso tornam-se "empregadoras de escolha" porque, em grande parte, os dirigentes criam ambientes nos quais são colocadas três práticas de retenção:

1. Adotando a filosofia "quem planta colhe";
2. Medindo e pagando pelo que é importante;

3. Inspirando compromisso para uma visão clara e objetivos definidos.

14.1 Adotando a Filosofia "Quem Planta Colhe"

Muitas empresas abusam de seus funcionários em nome do atendimento ao cliente, adotando a crença de que o cliente sempre vem em primeiro lugar, criando, na verdade, funcionários que descontam suas frustrações nesses mesmos clientes.

As empresas que tratam seus funcionários como prioridade número um estão criando uma equipe que atenderá às necessidades dos clientes com mais entusiasmo e prontidão. Elas dão aos funcionários, porque assim elas recebem algo em troca. Já foi constatado que as empresas que investem em práticas projetadas para manter a lealdade de seus funcionários também obtém maior lealdade por parte dos clientes.

É interessante que os dirigentes estejam tão atenciosos com o seu pessoal e com a lucratividade da empresa, a ponto de adotar serviços que favoreçam a família inteira. Esse tipo de serviço transmite a mensagem de que eles – funcionários – são muito importantes e merecem investimento, que a empresa se preocupa com o seu bem-estar, que a empresa sabe que eles têm vida própria fora do trabalho e deseja facilitar suas vidas, para que tenham mais energia e foco quando estiverem no trabalho. Assim, os funcionários respondem trabalhando mais, gerando um crescimento na receita e Qualidade, e até criando recordes.

A empresa tem que desenvolver tudo o que pode para ser uma empregadora de escolha. Até, se possível, criar um comitê de benefícios, onde se reuniriam, mensalmente, para considerar novos benefícios, que devem atender à cultura, afetar um número significativo de funcionários e ser justificável em termos de custos.

Não foi atoa que Steve Wynn, CEO da Mirage Resorts, demonstrando sua crença de que a alto moral dos funcionários terá retorno em um melhor atendimento ao cliente, investiu mais por metro quadrado para construir a lanchonete dos funcionários, do que para o *Coffe Shop* do hotel. Decorou os corredores usados pelos funcionários com as mesmas cores brilhantes e alegres dos corredores dos visitantes, tornando-se numa das empresas mais inovadoras e bem-sucedidas da indústria hoteleira.

O pacote de benefícios de uma empresa está diretamente ligada à qualidade de vida que ela possibilita aos funcionários. Assim, é fundamental, que não haja distinções entre a hierarquia.

O que distingue as melhores empresas para se trabalhar está nos aspectos credibilidade, respeito, imparcialidade, orgulho, camaradagem, comunicação, remuneração e envolvimento com a comunidade. Essas empresas estão tentando ajudar os funcionários a equilibrar suas vidas pessoal e comercial, e fazer com que sua vida de trabalho seja mais tolerável. Aqui está um enorme desafio para os dirigentes que buscam a Qualidade: é humanamente impossível para uma pessoa/funcionário separar a vida profissional da pessoal. É impossível para uma mãe sair de casa e, simplesmente, esquecer que o seu filho está em casa ardendo em febre, ou para um pai de família esquecer, ao chegar em casa, que o que ele receberá de salário não será suficiente para comprar carne para toda a família. Estes fatores estão diretamente ligados, sendo impossível separá-los. O que se pode fazer é criar benefícios e treinamentos que amenizem estes problemas.

A flexibilidade também é um tema muito importante. É necessário que as empresas entendam que há a necessidade dos funcionários de tempo livre com suas famílias. Quando isso ocorre, elas aumentam o compromisso por parte da sua força de trabalho. Uma das estratégias mais eficazes, disponíveis para atrair e manter pessoal de atendimento ao cliente de linha de frente, pode ser fornecer mais tempo de férias remuneradas.

Outra forma é permitir que os funcionários transportem seus dias de férias não usados para o ano seguinte, e oferecer dinheiro pelos dias não utilizados. Essas ferramentas estão provando serem atraentes para as empresas empregadoras de escolha.

Para se criarem benefícios, é preciso que a empresa preste atenção ao que os funcionários precisam e querem. Para tanto, é preciso que se pergunte a eles o que eles querem. Que se pergunte quais serviços e benefícios o pessoal da empresa deseja ou precisa para ajudar a levar equilíbrio a suas vidas ou facilitar suas vidas.

Nesta teoria, o treinamento desempenha um papel importante. As empresas estão fazendo grandes investimentos na educação dos funcionários, iniciando universidades corporativas, construindo instalações multimilionárias e oferecendo programas de reembolso de educação generosos. Estas empresas perceberam que há uma alta relação entre a rotatividade e Qualidade do atendimento ao cliente, pois um grupo de pessoas provavelmente é responsável por uma ampla gama de tarefas, e mantém sólido relacionamento com clientes, por isso investem em treinamento. O treinamento ajuda a criar um elo entre empregado e empregador, o que contribui para a permanência do empregado na empresa.

Porém, o importante é dar significado, mais do que benefícios e treinamento. Está ao alcance dos dirigentes oferecer isso, ou seja, tratar seu pessoal como pessoas, mostrar sua apreciação e tratá-los com respeito, sem se esquecer de que o mais importante que uma empresa pode dar a um funcionário é boa administração. Muitas vezes, a simples falta de sensibilidade é suficiente para afastar um funcionário, se não de fato (ou seja, sair da empresa), de maneira que ele não se sinta mais parte da equipe, afaste-se e não mais se engaje no trabalho, simplesmente "cumpra tabela".

14.2 Medindo e Pagando pelo que é Importante

É preciso saber que o que as pessoas ganham em seus trabalhos tem uma importância única pra elas. Este retorno reflete o que as empresas, empregadoras, acreditam que elas valem, afetam a autoestima de seus funcionários, como os salários, que para melhor ou pior, colocam as pessoas em nichos socioeconômicos. Determina o que elas podem ou não comprar para si e para suas famílias, tornando a remuneração dos funcionários uma questão emocional. É importante observar que o salário pode ser um impulsionador eficaz de realizações de curto prazo, e parece motivar alguns funcionários mais do que outros, tais como os tipos de "alto-risco, alta-recompensa".

As empresas empenhadas na "cultura de compromisso", que tem como base a delegação de poder e parcerias, estão analisando novas práticas de pagamentos, que estão aliadas tanto ao desempenho, quanto ao transmitir aos funcionários a mensagem de que todos os resultados são valorizados. Também ao reconhecer e reforçar contribuições importantes, além de fornecer um sentido de "propriedade emocional" e maior compromisso, que é adquirido através da premissa de dar aos funcionários parte da ação, e, ainda, tentando manter ou cortar os custos fixos da folha de pagamento, e alocar pagamento variável aos funcionários que eles mais querem atrair e manter. Houve um grande aumento no número de empresas que passaram a oferecer, a seus funcionários, participação nos lucros ou concessões de bônus.

O desempenho e as recompensas são ligados por alguns elos críticos, Figura 5.

Figura 5. O ciclo de medição de desempenho

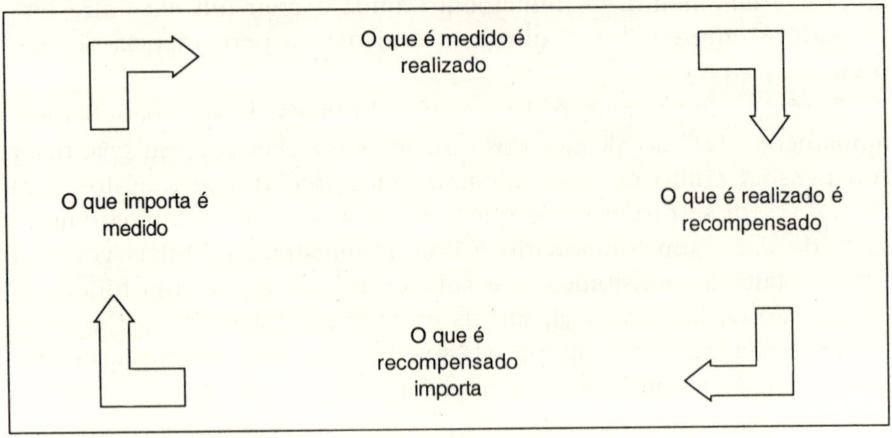

```
        ┌──────►         O que é medido é              ┐
                           realizado                    │
                                                        ▼

  O que importa é                              O que é realizado é
      medido                                      recompensado

        ▲                                               │
        └              O que é                 ◄────────┘
                    recompensado
                      importa
```

Fonte: BRANHAM, Leigh. Motivando as pessoas que fazem a diferença, p. 55.

Uma explicação maior sobre esses quatro elos pode ocorrer por qualquer um dos motivos seguintes:

- O desempenho individual é difícil de medir em muitas funções;
- Os gerentes hesitam em avaliar o desempenho dos funcionários;
- A empresa não responsabiliza os funcionários por resultados específicos;
- Os sistemas tradicionais de pagamento prejudicam o reconhecimento do desempenho.

Para que não haja um aumento do índice de insatisfação com a remuneração, é importante que as empresas diminuam as desigualdades salariais criadas por bônus e contra-ofertas (para reter aqueles que alegam que estão pedindo demissão), assim como o cinismo de pagar pelo desempenho.

As empresas precisam se dar conta de que devem alinhar suas remunerações com o desempenho e a lucratividade, tentando diminuir os custos fixos do salário, e começando a pagar as pessoas de modo mais flexível. Exemplos de salários variáveis que vêm sendo usados hoje em dia:

- prêmios monetários de reconhecimento especial;
- pagamento variável individual de grupos (este tipo de pagamento funciona melhor quando o trabalho do indivíduo não está diretamente ligado com o trabalho de outras pessoas, não sendo sugerido para as empresas prestadoras de serviço);

- pagamento variável de grupo;
- prêmios de soma total;
- participação nos ganhos (está relacionada à lucratividade e à qualidade);
- participação nas contribuições (está relacionada aos lucros, na Qualidade e no valor ao cliente);
- remuneração variável de longo prazo em dinheiro;
- opções de compra de ações.

Esses diferentes tipos de pagamento variável podem ser utilizados juntos para criar um programa de salários geral, que reduza os custos fixos dos salários, e melhore o desempenho e a retenção dos funcionários, permitindo que eles realmente se comprometam com o sucesso da empresa. Esses planos têm a vantagem de recompensar as pessoas pelos resultados, e não pelos anos de casa, maiores orçamentos, maior área territorial e número de subordinados diretos, concentrando-se na busca de resultados corretos.

As organizações que criam seus programas de remuneração em cima do desempenho – recompensando realmente o desempenho – mostram aos seus funcionários que eles serão recompensados pelas suas contribuições à lucratividade da empresa, criando, assim, o compromisso. Elas sabem que os funcionários não são motivados unicamente por dinheiro, e que um senso de autonomia permeia o ambiente. Os gerentes desempenham o papel de facilitadores, ajudando seus funcionários a alcançar suas metas. Os trabalhadores gostam das motivações intrínsecas, de ver suas sugestões aceitas e sentir um senso de missão cumprida, e realizar os frutos de esforços tangíveis.

É importante que os planos salariais das empresas transmitam aos seus funcionários uma mensagem, e que ela seja simples e correta. Para tanto, é fundamental que os especialistas da empresa abordem três questões, antes de começar a fazer ou corrigir o programa de remuneração:

1. Informar aos funcionários exatamente o que se espera deles;
2. Medir os resultados;
3. Assumir o compromisso de recompensá-los em um nível que realmente reforce a mudança de comportamento desejada.

Algumas diretrizes são sugeridas para os dirigentes implementarem e manterem um sistema de remuneração e gestão do desempenho que motive e retenha os funcionários: primeiramente, eles devem permitir que seus funcionários participem no desenvolvimento da criação ou reformulação do novo sistema de remuneração. Em um sistema de remuneração e de gestão de desempenho já existente, que está obsoleto ou que está incompatível com o novo, não se deve acrescentar um novo sistema de pagamento. É importante que se certifique de que todos os gerentes considerem este processo como uma ferramenta para ajudá-los a vencer, fazendo-os responsáveis pela liderança efetiva nos esforços de gestão do desempenho. Devem medir e recompensar o desempenho da equipe para reforçar este trabalho. E considerem adotar uma filosofia de pagamento que remunere melhor os funcionários de baixo cargo no nível hierárquico, e não os gerentes ou os funcionários com mais anos de casa, demonstrando que o desempenho contribui mais para o valor da empresa. Devem, também, oferecer opções de participação nas ações e nos lucros da empresa; reconhecer as conquistas na mesma época em que elas ocorrem. Se não for possível para a empresa recompensar em dinheiro, que eles dêem alguma outra coisa; fazer com que as recompensas estejam baseadas no desempenho contínuo; monitorar constantemente o programa para obter sempre justiça, consistência e precisão.

Comprar lealdade com dinheiro é difícil. A menos que fatores econômicos o impeçam, alguma outra organização certamente pode recrutar o nosso pessoal por mais dinheiro do que podemos pagar. E as pessoas que entram para a empresa, ou que permanecem nela, principalmente por causa do dinheiro, deixarão a empresa exatamente pelo mesmo motivo.

14.3 Inspirando Compromisso para uma Visão Clara e Objetivos Definidos

É difícil recrutar pessoas quando elas acreditam que estão fazendo alguma diferença nas suas funções atuais, e sentem que estão trabalhando para alcançar objetivos específicos, motivacionais.

O fato é que as pessoas querem mais do que recompensas materiais. Elas querem acreditar que suas funções são vitais para o sucesso da organização. Elas procuram *fazer alguma coisa,* e não *ter alguma coisa pra fazer.*

As culturas de compromisso possuem alguns elementos que muitas organizações não têm, mais precisamente:
- As pessoas da organização possuem um conjunto de princípios norteadores ou valores básicos. Por exemplo: uma empresa que

valoriza o atendimento ao cliente, o esforço pessoal e produtividade individual, excelência na reputação, fazer parte de algo especial e nunca estar satisfeito. É preciso sempre estar atento aos detalhes.

- Elas possuem uma missão que captura a razão de ser. Diferentemente de missões como "maximizar o valor para o acionista", que desanimam a maior parte dos funcionários, esses tipos de missões servem para atrair, inspirar e manter os funcionários valorizados e motivados. Elas capturam, fazendo com que o trabalhador queira se dedicar de corpo e alma para atender o cliente.

 Quando a organização vive segundo seus valores e missão, ela vai atrair o tipo de pessoa/trabalhador que se enquadrará, será bem-sucedido e permanecerá na organização, e renunciará a outros cujos valores forem incompatíveis.

- Elas buscam um futuro imaginado, consistindo em uma meta ousada e de longo prazo, e uma descrição viva de como será alcançar essa meta. Essa meta deve ser ousada o suficiente para fazer com que os funcionários da empresa respirem fundo e imaginem como vão conseguir superá-la. Uma vez ocorrido isso, a meta começa a ter um efeito magnetizador no espírito e na motivação da equipe.

Resumindo, para se criar uma cultura de compromisso, é preciso, estimular o indivíduo e suas idéias, é preciso desafiar os funcionários a pensarem por conta própria. Instituir assembléias gerais entre os gerentes das unidades e seus funcionários, onde qualquer dúvida possa ser tirada e onde se estimula novas idéias, faz com que o negócio funcione melhor. As pessoas que se manifestarem e apresentarem boas idéias devem ser recompensadas, juntamente com as pessoas que as implementarem. Todos os gerentes devem assumir os compromissos por escrito e seguí-los à risca.

Um grande problema que se tem quando a missão e a estratégica são criadas nos altos níveis hierárquicos e depois são passados para os níveis inferiores é que elas não evocam compromisso e, sim, obediência. Quando isso ocorre, ou seja, quando a missão é criada pelos gerentes ou supervisores, ela não pertence à equipe, cabendo a cada unidade criar a sua própria visão, pois é uma função que envolve propriedade. Os funcionários podem reagir de diversas maneiras quando lhes é apresentada uma visão estabelecida pelos dirigentes da empresa, sendo as reações de: *compromisso* (assumindo e tornando-a realidade); *participação* (fazendo todo o possível dentro do espírito da lei); *aceitação genuína* (vê os benefícios da visão, seguindo os princípios ao pé da letra); *aceitação formal* (fazendo o que é esperado e nada além disso); *aceitação relutante* (não vê os benefícios da visão, mas, para não perder o emprego, faz o que é esperado, mas sem vestir a camisa); *não-aceitação* (não fazendo o que é esperado); *apatia* (não é a favor nem contra, desinteressado e sem energia).

O importante, do ponto de vista comercial, é que os dirigentes e os funcionários da empresa estejam comprometidos em alcançar os resultados de negócios adequados. Para tanto, é preciso ter em mente que a visão impulsiona os objetivos, que, por sua vez, impulsionam o ciclo de gestão do desempenho e o sistema de recompensas.

Para que se consiga o compromisso dos funcionários para com os objetivos da empresa, é preciso que os dirigentes peçam para seu pessoal ajudar na criação das metas e dos objetivos. A criação de objetivos não pode ser apenas um processo de cima para baixo, se se deseja envolver os funcionários. Os ambientes de parceria criam mais compromisso. Os dirigentes precisam estar comprometidos com a visão, eles devem escrevê-la da forma mais sincera possível, mostrando a seus funcionários que eles têm liberdade de escolha, e fazendo com que eles aceitem a responsabilidade contínua pela criação de alinhamento entre a visão da empresa e os objetivos da sua unidade. Para se obter sucesso, é muito importante que a empresa obtenha mais o alinhamento do que a visão.

Parte 3

A Nova Era

Capítulo 15

A Nova Era

As grandes mudanças na História, que transformam, de fato, a maneira de pensar e agir das pessoas, vão se infiltrando na sociedade, até o dia em que tudo o que elas sabem fica ultrapassado, e elas se dão conta de que estão num mundo novo. "Somente no final do século XIX, Arnold Toynbee (historiador britânico) cunhou o termo 'Era Industrial'. Aproximadamente 100 anos depois de sua chegada à cena mundial."[1] A atual mudança que vem acontecendo no mercado, onde esta ocorrendo uma transição da produção industrial para a produção cultural, já se faz perceber. Está nova fase recebe o nome de: ERA DO ACESSO.

O que se percebe no mundo atual é que as pessoas estão, pouco a pouco, transformando os recursos culturais em experiências pessoais e entretenimento pagos, ao invés de continuarem fazendo o que passaram centenas de anos fazendo, apropriando-se de recursos físicos. Os *serviços* estão tomando o lugar da *propriedade*, como o principal meio de troca no mercado. As empresas transnacionais estão extraindo recursos culturais locais do mundo inteiro e os reformulando como *commodities* culturais pagas. A parcela mais abastada da população, um quinto dos habitantes do mundo, consumindo uma fatia de renda quase do mesmo tamanho da gasta com bens manufaturados e serviços básicos, busca experiências culturais.

Nesta *ERA*, controlar o cliente é bem mais importante do que controlar o produto. Isto é apenas parte dos serviços que compõem o relacionamento com o cliente. Mas, o mais importante para as empresas prestadoras de serviços, como as redes de hotéis e restaurantes, é que esta *ERA* refere-se, acima de tudo, à transformação da diversão, ou seja, o que será comercializado serão as *experiências culturais* (viagem, turismo global, parques e cidades temáticas, centros de entretenimento, bem-estar, moda, culinária, esportes, música, filme televisão, rituais, festivais, movimentos sociais, os mundos virtuais do ciberespaço e o entretenimento mediado eletronicamente de todo tipo).

O que vem surgindo é a economia da "experiência". Um mundo onde os consumidores se perguntam sobre o que gostariam de experimentar que ainda não experimentaram, e não mais o que gostariam de ter que ainda não tem. Um mundo em que a própria vida de cada pessoa se torna, de fato, um mercado comercial.

A principal indústria mundial, hoje, é a de viagens e turismo. Os *shoppings centers estão* se transformando em centros de entretenimento, onde as pessoas podem comprar os novos videogames, assistir a um filme, experimentar simuladores de realidade virtual ou simplesmente tomar um café juntas. Ao mesmo tempo, outras milhões de pessoas se conectam a Internet e participam de uma nova cultura ciberespacial. As televisões a cabo e via satélite estão gerando uma explosão de canais. E as empresas de conteúdo apressam-se em explorar as faces do comércio cultural.

A cultura está sendo vendida na forma de atividades humanas, onde estas, cada vez mais, têm que ser pagas, gerando um mundo no qual o relacionamento entre as pessoas é mediado pelo dinheiro. As pessoas, a cada dia que passa, compram o tempo dos outros a atenção, afeto, solidariedade e respeito. Compram o esclarecimento e a diversão, o cuidado com a aparência pessoal, a elegância e tudo mais.

A premissa de que os relacionamentos baseados no comércio e as redes formadas eletronicamente são capazes de substituir os relacionamentos e as comunidades tradicionais está profundamente equivocada, pois os relacionamentos tradicionais têm sua origem no parentesco, na etnia, na localidade geográfica e nas visões espirituais em comum. Eles são formados por noções como obrigações recíprocas e destinos compartilhados. Tanto o relacionamento quanto a comunidade são vistos como fins, ao contrário dos relacionamentos transformados em *commodities*, que são instrumentais por definição. A única coisa que mantém as partes ligadas é o preço estipulado pela transação. Pertencer a uma comunidade tradicional implica restrições à ação pessoal. As obrigações para com os outros têm precedência sobre os caprichos pessoais, e o indivíduo se sente seguro porque se acha incluído em organismo social mais amplo. Já os contratos comerciais estão apenas ligados pelo desempenho e pelos resultados. As redes comerciais devem atender ao interesse do cliente. É o oposto do que acontece nas comunidades tradicionais, onde espera-se que os membros atendam, primeiramente, aos interesses do grupo. Os relacionamentos do tipo *commodity* têm toda a experiência compartilhada entre as partes totalmente superficial, prática e de curta duração, e a sua profundidade depende da troca monetária. Este relacionamento não é genuíno; é apenas parte de uma transação comercial paga antecipadamente.

Por isso, o relacionamento criado com os clientes passa a ser de suma importância. E as metas das empresas vão ser estabelecer relacionamentos permanentes. Elas vão mudar as suas idéias de marketing, para que elas consigam uma participação do cliente, e não uma participação de mercado. As organizações vão tentar fazer com que os clientes voltem não uma ou duas vezes, mas sempre. O importante vai ser mantê-los e não buscar novos clientes.

As empresas vão procurar o *valor ao longo da vida* (LTV), onde o que está em foco é o potencial para toda a experiência de vida de uma pessoa ser transformada em *commodity*, ou seja, transformar todas as suas experiências em serviços a serem vendidos. Por exemplo, as pessoas não vão mais ter que administrar seu dinheiro porque existirá uma empresa especializada que fará este serviço pra elas, ou elas não precisarão se preocupar com a organização e custos de uma festa, pois uma empresa fará isso para elas. Elas apenas precisarão comparecer à festa e se divertirem. A chave vai ser achar o mecanismo certo para manter o cliente para a vida toda, e quanto mais cedo isto acontecer, maior será o LTV potencial.

Para tanto, as empresas farão uso, mais do que nunca, do marketing, porque ele trata sobre pessoas, trata sobre a natureza humana.

Marketing é o que as organizações vão ter que fazer para que o cliente compre o produto delas hoje; e inovação, o outro pilar da saúde empresarial, é o que garante que os consumidores vão continuar comprando delas amanhã. Portanto, rigorosamente, o que conta, hoje e amanhã, é marketing. Inovação é pré-condição para que as empresas continuem no jogo.

> "(...) Começamos a cultivar a tecnologia e, no processo, inventamos o que acabou sendo conhecido como vida humana (...) ou bem-estar. A idéia de bem-estar certamente engloba a de necessidade, mas essas necessidades estão constantemente mudando. Cultivamos tecnologia para satisfazer a nossas necessidades percebidas, não a um conjunto universal de necessidades determinadas pela natureza. De acordo com o filósofo francês Gaston Bachelard, a conquista do supérfluo nos dá mais estímulo espiritual que a conquista do necessário, porque os humanos são criação do desejo, não da necessidade."[2]

Este fragmento de texto foi tirado da matéria **Queremos você**, de Clement e Nobrega, para ilustrar que o produto cria a necessidade. A propaganda é culpada, sem dúvida, de criar desejos supérfluos, mas a coisa é muito mais sutil do que parece. Na sociedade pós-industrial globalizada de hoje, não há quem possa definir o que é supérfluo. Aliás, nunca foi possível. O supérfluo logo se transforma em necessidade. Há 60 anos, refrigeradores e telefones eram luxo.

O marketing não pode se concentrar mais em vender o produto. Não se pode mais pôr o foco nas qualidades intrínsecas do produto, porque ele já era. Foco no produto é totalmente equivocado, porque todo mundo hoje tem o "melhor produto". Até computador perde sua função se não estiver conectado a outros computadores.

A partir de agora, que os aparelhos e as coisas em geral deixaram de ser importantes, o que são os desejos e as necessidades? E esta é a função do marketing, ele cria supérfluos que se tornam essenciais.

Os desejos e necessidades são limitados apenas pela imaginação humana, isto é: não têm limites. E é aqui que o marketing explora mais uma fraqueza humana, pois ele sabe que o cliente paga não pela coisa, mas pelo símbolo. Toda a cultura humana é um processo de replicação de idéias, hábitos, crenças, conceitos, práticas, maneiras de se comportar no mundo. Coisas que se propagam e exercem uma enorme influência sobre o que nós somos, porque há um meio que facilita essa propagação: o cérebro humano. Os cérebros das pessoas são facilmente influenciados pela cultura.

São idéias, conceitos, slogans, cerimônias, rituais, arte, tecnologia, arquitetura. Todos esses padrões culturais evoluem – replicam-se – num ritmo muito, muito mais intenso que o da evolução biológica, e constituem uma força nova na modelagem do que é o ser humano. O comércio mundial voltou sua atenção para a última esfera independente da atividade humana: a cultura.

A avançada tecnologia exerce um papel importantíssimo, tanto quanto o marketing, neste relacionamento, pois através dos códigos de barra, por exemplo, é possível para as empresas receberem as informações atualizadas sobre as compras de seus clientes, montando perfis detalhados sobre seu estilo de vida, suas opções de dieta, guarda-roupa, estado de saúde, lazer e padrões de viagens. Através deste vasto banco de dados, é capaz de mapear as campanhas de marketing, com o objetivo de atrair clientes para relações comerciais eternas. Fica claro que, com a nova tecnologia (*software* de computador e telecomunicações), as empresas podem transformar todos os aspectos de experiência de vida das pessoas em *commodity*, através de um longo relacionamento comercial.

A meta é ficar tão envolvido na vida do cliente, de maneira que se passe a ser um anexo do próprio ser, ou seja, uma presença permanente. Uma das maneiras de se captar e manter a atenção do cliente e criar relacionamentos para toda a vida, é através das chamadas "comunidades de interesse". A tarefa das empresas é criar comunidades com a finalidade de estabelecer relacionamentos comerciais de longo prazo e otimizar o valor de cada cliente ao longo da vida. A chave para criar comunidades de interesse é promover eventos, reuniões que aliem os clientes com a marca através de interesses comuns, além de fazer com que os clientes criem vínculos entre si. Um bom exemplo é o Priority Club do Holiday Inn, que promove eventos e fornece o espaço para que os sócios do clube se encontrem e formem vínculos de intimidade entre si e os executivos do Holiday Inn. Reune entre 500 e 1.000 de seus hóspedes mais freqüentes duas vezes por ano, para passar um fim de semana de entretenimento e recreação, animado com várias discussões de mesa-redonda com a gerência do hotel, em um de seus *resorts*. Cada vez mais serão criados clubes, cuja motivação da empresa em apoiá-los terá como objetivo desenvolver uma fidelidade contínua ao produto e à empresa.

Na nova *ERA*, o fundamental, para as pessoas, vai ser estar conectado a várias redes que formam a nova economia global. Ter bens materiais não será mais importante do que ser um assinante, um sócio ou um cliente. O acesso, mais do que a propriedade, determinará o status de alguém na nova sociedade.

Nesta nova economia cultural, cada vez mais os recursos culturais serão transformados em experiências e entretenimentos pagos. Aqui, a vida comercial não é tão simples, as fronteiras se tornam indistinguíveis e tudo o que é sólido começa a se desfazer, sendo esta a grande vantagem das empresas prestadoras de serviços, na nova economia, pois há anos trabalham com a relação tangível x intangível.

A revolução do entretenimento já é, de fato, a força econômica e social mais poderosa desses tempos. Hoje, a economia do entretenimento é uma força onipresente na vida das pessoas, cujos interesses estão mudando de produtos industriais e serviços para a produção cultural. Comprar o acesso a experiências vividas agradáveis e significativas, principalmente entre a classe média do mundo todo, tornou-se um estilo de vida. O aumento da economia do entretenimento é testemunho de uma geração em transição, do acúmulo de coisa para o acúmulo de experiência, e da propriedade para relações de acesso.

A produção cultural repousa sobre os recursos brutos da cultura, da mesma forma que a produção industrial se assenta sobre os recursos brutos da natureza. Ambas as formas de produção são extrativas. E ambas podem ser exploradas até a exaustão. Porém, a diversidade cultural assemelha-se à biodiversidade.

Quando as características nativas são preservadas, representam uma forma de capital cultural, um veículo para a comunicação de valores e legados históricos de um povo. Porém, se é apropriada, formatada, transformada em *commodity*, sua mensagem se dilui ou se perde. O conflito entre o comércio global e a cultural local se tornou extremo, no campo dos alimentos e da culinária. As franquias transnacionais como o McDonald's, Burger King, Pizza Hut e Dunkin Donuts vêm expandindo velozmente suas lojas na Europa, na Ásia e na América Latina. Mas, em muitos casos, os restaurantes locais têm condições precárias para resistirem ao grande desafio colocado pelas grandes redes. Eles temem aquilo que se chama de "hollywoodização" da comida.

É preciso criar um equilíbrio ecológico entre a cultura e o comércio. Para assegurar este equilíbrio, é importante dar atenção tanto à revitalização das culturas locais, quanto ao acesso às *commodities* culturais do mercado. Para esta revitalização da cultura, vai ser preciso dar o mínimo de atenção tanto à geografia, quanto ao ciberespaço. As mudanças devem ter o objetivo de restaurar a cultura à sua condição anterior de patamar elevado das relações humanas. O terceiro setor não pode mais ficar jogado neste limbo entre o mercado e o governo. As mudanças já estão vindo, como o governo, em todos os níveis, vem diminuindo seu valor histórico, interferindo menos no dia-a-dia das comunidades, e as empresas, ao mesmo tempo, estão se tornando menos locais e mais globais em suas atividades e operações. Esta crescente desvinculação, tanto do governo, quanto das empresas, está deixando um vácuo institucional, o qual vai ser disputado entre as instituições do terceiro e do quarto (economia informal, mercado negro, cultura de crime) setores, que lutarão pelo controle das localidades geográficas. Para vencer, o terceiro setor terá que se politizar, voltando suas instituições, atividades e interesses para uma missão única e comum a todos.

Na *ERA DO ACESSO*, a produção cultural será o principal campo de atuação de comércio no século XXI, e um dos seus elementos definidores será a luta entre a esfera cultural e comercial, para controlar tanto o acesso, quanto o conteúdo da diversão.

Conclusão

A Gestão da Qualidade Total (GQT) é um importante passo para as organizações que pretendem continuar no mercado, pois representa a busca pela perfeição que não está focada em uma determinada etapa do processo, mas que permeia não só o sistema de produção, como envolve todos os níveis hierárquicos da empresa.

Esta gestão demonstra os passos a serem seguidos pela empresa, para que se possa obter a Qualidade nos bens e serviços. Faz com que TODAS as pessoas (direção e funcionários) se comprometam com a Qualidade, obtendo, assim, um sucesso profissional e nos negócios, tornando a empresa competitiva e apta a sobreviver no mundo globalizado.

Nas empresas prestadoras de serviço, onde a cada contato com o cliente surgem os **momentos da verdade**, em que comparecem tanto os *fatores tangíveis* quanto os *intangíveis*, além dos *fatores sociais* (envolvendo o contado com outros hóspedes, moradores da localidade, funcionários), *estéticos e funcionais* (ligados ao projeto, seja do hotel, aeroporto, da cidade) e *ambientais* (ruídos, cheiros, limpeza, temperatura, ventilação, umidade), é de extrema importância o cuidado com todos estes aspectos, pois sabe-se que, com a acirrada concorrência, a lealdade à marca torna-se muito frágil.

Daí a importância de cuidar de todos os detalhes, mas, principalmente, do pessoal da empresa. Seu treinamento e motivação são armas fundamentais.

É preciso treinar os funcionários para a solicitude de atender a todos, a satisfação de receber as pessoas, o reconhecimento, a facilitação, a resolução de problemas, as pequenas gentilezas, o oferecimento de brindes (amenities), a atenção e até para o afeto genuíno, os valores humanos como honestidade, sinceridade, confiança e ética, além da cultura e princípios da empresa.

Para fazer frente à competitividade do mundo atual, cada vez mais as empresas prestadoras de serviços devem buscar a multiqualificação de seus empregados.

As melhores cadeias internacionais de hotéis e restaurantes treinam e incentivam seus funcionários, do gerente aos mais simples subordinados, a ter uma perfeita compreensão da operação do dia-a-dia da empresa, de modo a oferecer o melhor serviço possível a seus clientes. Em nenhum comércio a relação entre vendedor e comprador é tão íntima quanto neste setor.

Enfim, se de um lado há regras e restrições para garantir o excelente desempenho do elenco, do outro as vantagens e compensações compartilhadas tornam a forma de milhares de sorrisos e corações cheios de emoções.

Ou seja, as pessoas/ funcionários precisam se sentir valorizadas e motivadas a fazer aquilo que se espera que elas façam, ou inclusive extrapolar estas expectativas e apresentar novas soluções e posições para a empresa.

Quando as empresas investem nestas pessoas, percebendo que elas são humanas, que sofrem, riem, choram, amam, odeiam, adoecem, pertencentes de uma família e comunidade, e quando este investimento é sentido, as pessoas se sentem capazes de realizar a tarefa mais difícil que é *superar as expectativas dos clientes/hóspedes/convidados*.

A chave para o sucesso das empresas prestadoras de serviços está em buscar a auto-estima de seus representantes, importando-se com a maturidade de seus sentimentos, juntamente com sua inteligência, que, aliados, fazem com que as pessoas solucionem os conflitos e relacionem-se melhor com o ambiente social que as circundam.

Assim, os empregados devem gostar do que estão fazendo, sentir-se bem com suas atitudes e estar felizes com a vida que estão levando, já que ingressaram nesta carreira espontaneamente. Fazendo-se valer pela simpatia e pela empatia, que, quando colocados em prática, tornam mais fácil direcionar, também, suas próprias carreiras profissionais.

Quando uma organização obtém a auto-estima e o comprometimento de seus dirigentes e funcionários, ela se torna em uma empresa empregadora de escolha.

Em situações organizacionais, onde a participação é tão positiva os funcionários participam de tal maneira, que isso se reflite para fora da empresa, aumentando, assim, a capacidade de atrair pessoas externas à organização. Desta maneira, a empresa cria uma "espiral positiva", atraindo para seus quadros pessoas cada vez mais capazes, pois esta empresa é vista como uma boa organização para se trabalhar.

Tendo-se uma cadeia de fidelidade que parte dos funcionários e caminha até os clientes, fica claro que o que importa e o que garante o sucesso de uma empresa prestadora de serviço são as PESSOAS.

Porém, não se pode concluir este trabalho sem falar da nova era que vem chegando, a *ERA DO ACESSO*, onde o que irá importar para as empresas será o relacionamento criado e mantido com os seus clientes.

Atualmente, já se faz sentir uma forte tendência mundial de aumento na demanda de pessoas capacitadas para atuar nos setores de serviços (turismo, hotelaria, gastronomia, lazer e entretenimento), pois as empresas prestadoras de serviço já notaram que terão, mais do que nunca, de compreender a gênese e a profundidade dessas mudanças para que possam oferecer excelentes serviços.

Anexo

Anexo Parte 1

Figura 1 Fluxograma.
Fluxo de lavagem da roupa do hóspede

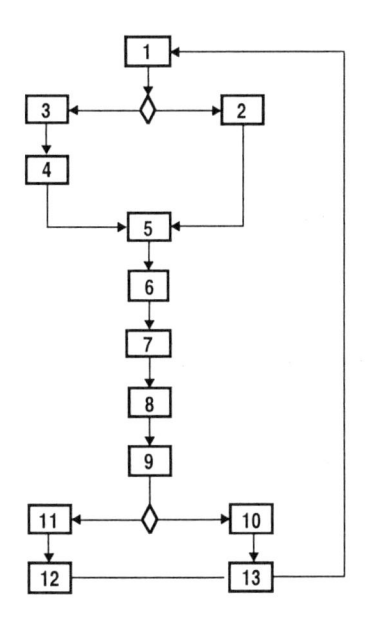

Onde:
1 — O hóspede preenche o rol de roupas.
3 — A camareira solicita à lavanderia que o encarregado apanhe a roupa no andar.
4 — O encarregado recebe a roupa da camareira.
5 — A roupa é entregue na lavanderia.
2 — A camareira apanha a roupa e a entrega na lavanderia.
6 — A roupa entra no processo de lavagem.
7 — A roupa entra no processo de secagem.
8 — A roupa entra no processo de acabamento.
9 — A lavanderia emite nota fiscal.
10 — A camareira recebe a roupa da lavanderia.
13 — A camareira recoloca a roupa no apartamento do hóspede.
11 — O encarregado recebe a roupa da lavanderia.
12 — O encarregado entrega a roupa para a camareira.

Figura 2 Diagrama de Pareto
Restaurante: reclamações

Total de Reclamações / % Acumulada / Tipos de Reclamações

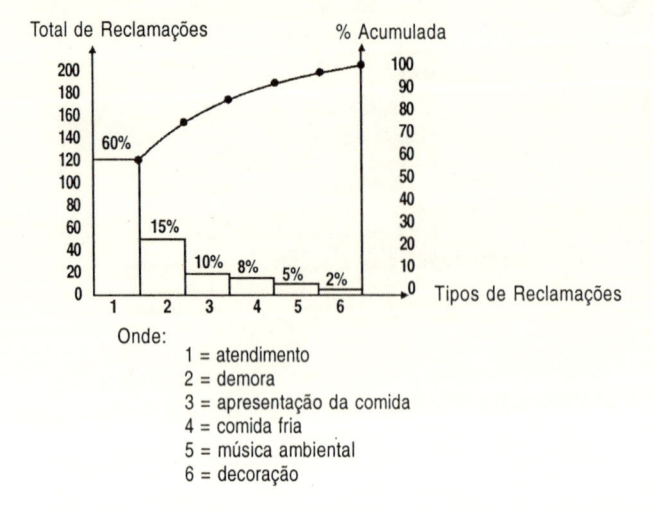

Onde:
1 = atendimento
2 = demora
3 = apresentação da comida
4 = comida fria
5 = música ambiental
6 = decoração

Figura 3 Diagrama de Causa e Efeito
Mau atendimento do pedido no restaurante

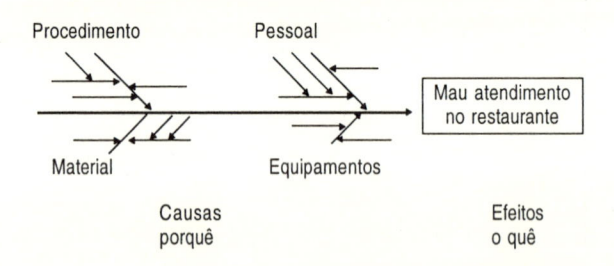

Procedimento / Pessoal / Material / Equipamentos → Mau atendimento no restaurante

Causas
porquê

Efeitos
o quê

Figura 4 Gráfico Cronológico
Taxa de ocupação do hotel

% de Ocupação / Meses (j f m a m j j a s o n d)

Figura 5 Carta de Tendência e Controle
Absenteísmo

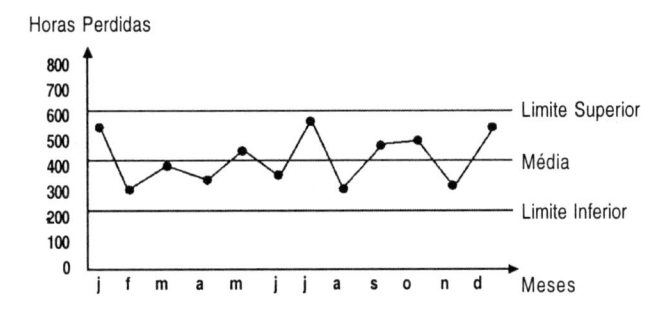

Figura 6 Diagrama de Dispersão
Relação positiva: desempenho e treinamento

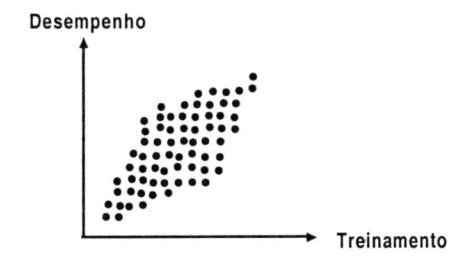

Anexo Parte 2
Plano de treinamento para preparo de sanduíches

Estrutura inicial
PLANO DE TREINAMENTO
Tarefa: Preparar cinco travessas de sanduíches para uma reunião em horário de almoço.

Preparo
1. Providenciar horário e local de treinamento.
   Quarta-feira, 4 de abril – 7h 30 min.
2. Informar os funcionários com antecedência:
   Resumir a tarefa, falar sobre exigências básicas de higiene para manipulação de alimentos, *timing* e resultados do treinamento.
3. Reunir ingredientes e equipamentos (quantidade em dobro, para demonstração, e prática):

- Dispor de receitas habituais;
- Tábua de carne;
- Facas;
- Travessas;
- Filme plástico;
- Pão;
- Manteiga (em temperatura ambiente);
- Presunto fatiado;
- Queijo *chedar* (fatiado);
- Alface;
- Pimenta-de-kaiena torrada;
- Berinjela frita;
- Ovos cozidos;
- Aspargos (cozidos ou em conserva);
- Mostarda francesa;
- Maionese;
- Sal;
- Pimenta-do-reino.

Apresentação (mostrar e falar)
1. Etapas
    - Lavar as mãos;
    - Lavar e cortar os legumes;
    - Arrumar os ingredientes em seqüência lógica;
    - Espalhar manteiga no pão;
    - Preparar e arrumar os sanduíches nas travessas;
    - Cobrir com filme plástico e guardar.

2. Exposição
    - Higiene pessoal;
    - Limpeza dos utensílios e da área de trabalho;
    - Qualidade e frescor dos ingredientes;
    - Manipulação e lavagem correta dos ingredientes;
    - Cuidado ao lidar com facas;
    - Apresentação uniforme;
    - Armazenamento e manipulação de pão;
    - Combinações eficientes de sabor e cores;
    - Apresentação atraente no prato;
    - Armazenamento do produto final.

Prática (observar)
3. Pontos de observação – processo;
    - Práticas de higiene no trabalho;
    - Práticas seguras de trabalho (especialmente no manuseio de facas);
    - Redução de desperdício;
    - Controle de fluxo de trabalho;
    - Solução de problemas.

4. Pontos de observação – produto
    - Frescor;
    - Uniformidade;
    - Apresentação;
    - Sabor.

5. Perguntas
   - Por que é importante trabalhar com tábua e facas limpas?
   - Por que alguns ingredientes devem ser lavados?
   - Qual é a melhor temperatura para a manteiga?
   - Por que é importante trabalhar depressa para cortar, preparar e guardar sanduíches?
   - No caso de faltar alface, que ingredientes podem ser usados?
   - Como evitar que os sanduíches fiquem encharcados?
   - Que aspectos da apresentação você observa?

Empregar

6. Itens a serem observados de *folow-up*:
   - Controle do fluxo de trabalho – **rapidez** no preparo e montagem dos ingredientes, fluxo de trabalho eficiente;
   - Prática de trabalho **higiênica**;
   - Práticas de trabalho **seguras**, especialmente no uso de facas ao cortar rapidamente;
   - **Apresentação** e frescor do produto final;
   - Talento e inovação.

7. Questões para *folow-up*:
   - Por que é importante cortar e preparar os ingredientes com antecedência?
   - Como pode ocorrer intoxicação alimentar resultante da contaminação no preparo dos sanduíches?
   - Por que sincronia e armazenamento são tão importantes no preparo de sanduíches?
   - Explique o valor nutricional dos ingredientes que está usando.

Estrutura final

Fonte: WAGEN, Lynn Van Der; DAVIES, Christine. *Supervisão e Liderança em Turismo e Hotelaria*, p. 74-75.

Referências Bibliográficas

Parte 1

1 ISO Apud CASTELLI, Geraldo. *Administração Hoteleira.* 7. ed. Caxias do Sul: EDUCS, 2000, p. 19 (Coleção Hotelaria).

2 Juran e Gryna Apud. PALADINI, Edison Pacheco. *Gestão da Qualidade.* São Paulo: ATLAS, 2000, p. 27.

3 Ibid., p. 25.

4 IMAI Apud. CASTELLI, Geraldo. Op. Cit., p. 19.

5 CROSBY. Apud. CASTELLI, Geraldo. Op. Cit., p. 19.

6 MOLLER, Claus. *O Lado Humano da Qualidade.* Maximizando a Qualidade de Produtos e Serviços Através do Desenvolvimento das Pessoas. São Paulo: Pioneira, 1998, p. 7.

7 MOLLER Apud. CASTELLI, Geraldo. *Excelência em Hotelaria.* Rio de Janeiro: Qualitymark, 1998, p. 155.

8 Ibid., p. 155.

9 MOLLER, Claus. *O Lado Humano da Qualidade.* São Paulo: Pioneira, 1998, p. 18.

10 Ibid., p. 119.

11 Ibid., p. 152.

12 Ibid., p. 153.

13 Ibid., p. 153.

14 Ibid., p. 161.

Parte 2

1 MOLLER, Claus. *O Lado Humano da Qualidade.* Maximizando a Qualidade de Produtos e Serviços Através do Desenvolvimento das Pessoas. São Paulo: PIONEIRA, 1992, p. 155.

Parte 3

1 RIFKIN, Jeremy. *Vai Custar Caro:* A cultura globalizada tem um preço oculto: a ameaça do fundamentalismo. Disponível em: www.exame.com.br Acesso em: 8 nov. 2002.

2 CLEMENT e NOBREGA. *Queremos você.* Disponível em: www.exame.com.br Acesso em: 8 nov. 2002.

Bibliografia

Parte 1

MOLLER, Claus. *O Lado Humano da Qualidade: Maximizando a Qualidade de Produtos e Serviços Através do Desenvolvimento das Pessoas*. São Paulo: Pioneira, 1998, 185 p.

LAMPRECHT, James; RICCI, Renato. *Padronizando o Sistema da Qualidade na Hotelaria Mundial: Como Implementar a ISO 9000 e ISO 14000 em Hotéis e Restaurantes*. Rio de Janeiro: Qualitymark, 1997, 129 p.

SENAC (SP). *Qualidade em Comércio e Serviços: Casos e Caminhos Práticos*. São Paulo: SENAC, 1992, 93 p.

PALADINI, Edson Pacheco. *Gestão da Qualidade: Teoria e Prática*. São Paulo: ATLAS, 2000, 330 p.

HAROLDO, Ribeiro. *ISO 9000: Uma Forma Simples de Entender e Praticar a ISO 9000*. Salvador, BA: Casa da Qualidade, 1995, 42 p.

CASTELLI, Geraldo. *Excelência em Hotelaria: Uma Abordagem Prática*. Rio de Janeiro: Qualitymark, 1998, 144 p.

_____. *Administração Hoteleira*. 7. ed. Caxias do Sul: EDUCS, 2000, 732 p. (Coleção Hotelaria).

Parte 2

MOLLER, Claus. *O Lado Humano da Qualidade: Maximizando a Qualidade de Produtos e Serviços Através do Desenvolvimento das Pessoas*. São Paulo: Pioneira, 1998, 185 p.

CASTELLI, Geraldo. *Administração Hoteleira*. 7. ed. Caxias do Sul: EDUCS, 2000, 732 p. (Coleção Hotelaria).

BRANHAM, Leigh. *Motivando as Pessoas que Fazem a Diferença: 24 Maneiras de Manter os Talentos de Sua Empresa*. Rio de Janeiro: CAMPUS, 2002, 408 p.

WAGEN, Lynn Van Der; DAVIES, Christine. *Supervisão e Liderança em Turismo e Hotelaria*. São Paulo: Contexto, 2001, 207 p. (Coleção Turismo Contexto).

BARROS, Claudius D'Artagnan. *Excelência em Serviços: Uma Questão de Sobrevivência no Mercado*. 2. ed. Rio de Janeiro: Qualitymark, 1999, 137 p.

GUERRIER, Yvonne. *Comportamento Organizacional em Hotéis e Restaurantes: Uma Perspectiva Internacional.* 2. ed. São Paulo: Futura, 2000, 329 p.

FLORES, Paulo Silas Ozores. *Treinamento em Qualidade: Fator de Sucesso para Desenvolvimento de Hotelaria e Turismo.* São Paulo: Roca, 2002, 180 p.

NADER, Ginha. *Walt Disney – Um Século de Sonho: As Organizações Disney, Gestão Empresarial – Excelência e Qualidade.* São Paulo: SENAC, 2001, v. 2.

CANTON, Antonia Marisa et alii. *Hospitalidade: Reflexões e Perspectivas.* Barueri (SP): Manole, 2002, 164 p.

GUIA EXAME. *As 100 Melhores Empresas para você trabalhar.* São Paulo: Abril, set. 2002, 170 p. Edição especial.

GUIA EXAME. *As 100 Melhores Empresas para você trabalhar.* São Paulo: Abril, set. 2001, 170 p. Edição especial.

EXAME. *Havard Business Review.* São Paulo: Abril, mai. 2002, 126 p. Edição especial.

EXAME. *Melhores e Maiores: As 500 Maiores Empresas do Brasil.* São Paulo: ABRIL, jul. 2002, 338 p. Edição especial.

Treinamento. Disponível em: http://www.mcdonalds.com.br/nossa_gente/treinamento.shtml. Acesso em:14 out., 2002.

Benefícios. Disponível em: http://mcdonalds.com.br/nossa_gente/beneficios.shtml. Acesso em: 14 out., 2002.

Universidade do Hambúrguer. Disponível em: http://mcdonalds.com.br/nossa_gente/uni_hamburguer.shtml. Acesso em: 14 out. 2002.

Parte 3

RIFKIN, Jeremy. *A Era do Acesso: A Transição de Mercados Convencionais para Networks e o Nascimento de uma Nova Economia.* São Paulo: MAKRON Books, 2001, 264 p.

CLEMENT e NOBREGA. *Queremos você.* Disponível em: www.exame.com.br Acesso em: 8 nov. 2002.

RIFKIN, Jeremy. *Vai Custar Caro: A cultura globalizada tem um preço oculto: a ameaça do fundamentalismo.* Disponível em: www.exame.com.br Acesso em: 8 nov. 2002.

Entre em sintonia com o mundo

QualityPhone:

0800-263311

Ligação gratuita

Qualitymark Editora
Rua Teixeira Júnior, 441 – São Cristóvão
20921-400 – Rio de Janeiro – RJ
Tel.: (21) 3860-8422
Fax: (21) 3860-8424

www.qualymark.com.br
e-mail: qualitymark.com.br

Dados Técnicos:

• Formato:	16 x 23 cm
• Mancha:	12 x 19 cm
• Fontes Títulos:	Myriad Pro Cond
• Fontes Texto:	Gatineau
• Corpo:	11,0
• Entrelinha:	13,0
• Total de Páginas	152

Este livro foi impresso em 2005
nas oficinas da ParkGraf Editora Ltda.
Rua General Rondon, 1500 (Térreo) - Petrópolis - RJ - Tel.: (24) 2249-2500